ELSINOR
VERLAG

# Und zum Glück
# fehlt mir nichts – nur Du

## Die Briefe des
## Horaz

Neu ins Deutsche übertragen von
Christoph Schmitz-Scholemann

*Lebensschrift*
Ein Vorwort von
Uwe Tellkamp

Elsinor

Bibliografische Information der Deutschen
Nationalbibliothek
Die Deutsche Nationalbibliothek verzeichnet diese Publikation
in der Deutschen Nationalbibliografie; detaillierte bibliografische
Daten sind im Internet über www.dnb.de abrufbar.

© Elsinor Verlag, Coesfeld
2. Auflage 2020

Lebensschrift: © Uwe Tellkamp; Abdruck mit freundlicher
Genehmigung des Verfassers

Umschlag und Satz: Elsinor Verlag, Coesfeld
Abbildung auf dem Umschlag:
Horaz, Fresko von Luca Signorelli im Dom von Orvieto
(um 1500)
© akg-images

Printed in Germany
ISBN 978-3-942788-51-9

# INHALT

*Die Briefe des Horaz: Zweites Buch*

# VORWORT

# LEBENSSCHRIFT

## *Uwe Tellkamp*

Quintus Horatius Flaccus (was Schlappohr bedeutet), genannt Horaz, 65 v. Chr. bis 8 v. Chr., Zeitgenosse von Vergil, siebenundfünfzig Jahre alt geworden, ein bewährter Mann, hinterließ Gedichte (Epoden), Satiren, Oden, ein Corpus von dreiundzwanzig in Hexametern verfaßten Briefen *(Epistulae)*, von denen die vorliegende Sammlung alle bis auf die sogenannte *Ars poetica*, die Kunst des Dichtens, bringt; sie wird als eigenständiges Werk gesehen und, immer wieder, gesondert veröffentlicht. Die Briefe hat Christoph Schmitz-Scholemann, ein Feinmechaniker der Sprache, Richter für Arbeitsrecht und also Humorist, in eine Prosa übertragen, die modern ist, ohne sich anzubiedern, die den ursprünglichen Rhythmus durchschimmern läßt, so daß man beim lauten Lesen den Wellengang des Verses noch zu hören meint; sie ist unaufgeregt, diese Prosa, und der sie schreibt, bevorzugt, als Mensch mit Geschmack und Stil, die zurückhaltende Nadel, wie die Musiker sagen; ich empfehle das Nachwort, es ist, um das vorwegzunehmen, selbst ein Brief aus dem Geist – und dem Können! – des Horaz.

Der sitzt, offenbar bei schönem Wetter, auf einem Landgut in der Nähe von Rom und schreibt Briefe. Sie sprechen vom guten, dem richtigen Leben, von den Gebrechen der Menschen, von denen des Horaz – er nimmt sich nicht aus, mit seinem leisen, immer weisen Spott bedenkt er nicht nur andere. Gibt es ein tieferes Gespräch als das im Wechsel von Briefen? Das mündliche verbirgt gern, und nicht jeder ist redegewandt, kann das, was ihn bewegt, angemessen ausdrücken. Lese ich die Horazbriefe, den Briefwechsel zwischen Schiller und Goethe, diese fast intime Zwiesprache aus der Autoren- und Privatwerkstatt, die berühmten Liebesbriefwechsel, habe ich das Gefühl, diesen Menschen und dem, was sie bewegte, ganz nahe zu kommen, näher womöglich, als es in der Begegnung von Angesicht zu Angesicht gewesen wäre; Briefe, wenn sie gut geschrieben sind, halten das Gespräch vom Gefüllsel frei (manchmal dient ja ein mündliches Gespräch auch dazu, nicht zu sprechen, nicht vom Eigentlichen), dringen direkter in die Schicht, die man im Alltag gern bedeckt. Sie bewahren das Gespräch, seine intime, gewissermaßen häusliche Seite, die in den Geschichtsschreibungen voller Helden und Truppenbewegungen kaum vorkommt, und erzählen doch oft mehr von ihrer Zeit: das verschüttete Milchglas, das ein Horaz beschreibt, durchwandert die Jahrhunderte, die aufgezeichnete Geste bleibt lebendig, wenn Schlachten und Könige längst vergessen sind; es ist dieses Milchglas, das wir kennen.

Die Kunst des Briefs, ja der Brief überhaupt, scheint auszusterben, erst recht der richtige, der handschriftliche Brief, den man vorerst ungeöffnet läßt, weil die Ahnungen überwältigend sind, weil ihn zu lesen den Tag ändern wird und man auf den besten Augenblick dafür wartet – wird es der heitere sein, den der Brief noch heiterer macht, oder der dunkle Augenblick, den man mit dem Brief aufwiegen kann, man hält den Brief in der Hand, wird ihn später liegenlassen, ihn umschleichen, man wendet ihn hin und her, prüft das Umschlagpapier, wie dick es ist, ob es knirscht, dann war es teuer, ob es weiß-dünn ist, im Hundert gekauft, für die unangenehmen Schriftwechsel gedacht – doch wenn man den Schriftzug sieht, der einem Herzklopfen bereitet, wird das Papier unwichtig, man bleibt stehen, sieht dem Briefträger nach, der auf seinem E-Bike davonradelt und vielleicht aus Tripolis stammt, in diesem Augenblick ist er der erwartete fremde Mensch gewesen, der Nähe bei sich trug, ersehnt und gefürchtet zugleich wie sein Vorgänger, der Postbote während des Kriegs, der die Feldpost oder das eine, schwarz durchgestrichene Schreiben brachte; doch jetzt ein Brief, ein richtiger Brief, vielleicht rotblau gerändert wie die Luftpostbriefe, man stellt sich vor, was darin geschrieben steht, entziffert oder kennt die Hand, die ihn zu etwas ganz Persönlichem macht. Dieser Brief, der richtige, ist weder vom Finanzamt noch Neujahrspost von Geschäftspartnern, die mit elektronischer Unterschrift Nähe behaupten, nicht mit Barcode, sondern mit einer Briefmarke ist er versehen, man starrt auf diese Briefmarke, ob nicht schon sie etwas sagt, was den Briefinhalt vorwegnehmen könnte, so oder so, und wo sie klebt, diese Marke, oben rechts nach einer vielleicht gar nicht existierenden Vorschrift, rechts unten, links oben oder in der Mitte, wo sonst die Adresse steht; die Marke hinten aufzukleben, habe Horaz einmal wie einen Sport betrieben, der Brief schien die Sortiermaschinen zu verwirren, kam immer wieder als unfrankiert zurück, irgendwann habe er ihn die Treppe hinaufgetragen, zur Geliebten.

Solche Briefe schreibt Horaz. Das Landgut, auf dem er hockt, hat ihm ein reicher Mann namens Maecenas geschenkt. Drei Briefe bekommt er, kritische durchaus. Es ist Sommer, die Lüfte sind lau. Das Gut ist wohlbestellt, der Verwalter (an den Horaz ebenfalls schreibt) ein fähiger Mann. Zwar ist das Fernsehen mies wie eh und je, doch wenn man die Kiste mit ihren Zwangsgebühren, die erst kürzlich wieder angehoben worden sind, ausläßt, so gibt es auch keine Störung von der Welt draußen, keinen Grund, sich über die öffentlich bestallten Heuchler und Spitzbuben aufzuregen. Die Politik kreist ferne, Rom ist schläfrig, viele Römer sind ausgeflogen, in den Urlaub, an die Strände, die Wohnungen sind leer und kühl, man könnte auch in Rom sein, Katzen und Gärten der Freunde versorgen, sie haben ihm die Schlüssel überlassen, denn Horaz scheint nicht gerne zu reisen, hockt lieber in seinem Bergnest, seinem Sabinum, wie er es nennt, wo die laute Metropole keine unmittelbare Wirklichkeit mehr hat und die Stimmung zum Dichten günstig ist. Ein Künstler, dieser Horaz, ein Philosoph, doch zuverlässig und treu, man hat ihn gern zu Gast, wenn sich das Macht-Rom beim Abendgelage zu Gesprächen versammelt, obwohl auf Netflix eine spannende Serie läuft oder das nächste Level beim Computerspiel winkt. Alles wie immer also. Rom steht reich und rechtssicher, Wasserleitungen, Straßenbau und Stromversorgung funktionieren, das Netz muß ausgebaut werden, gut, wo nicht, der Senat ist korrupt, schlecht, aber wie überall, aus den Provinzen drängen unablässig Fremde herein, teils sind sie auf der Flucht vor Kriegen, teils kommen sie, weil Rom ein besseres Leben verspricht, weltoffen, bunt, voller Wind- und Sonnenenergie, und die schnelle Sesterze, hört man, dem Pharmareferenten ebenso offensteht wie dem Poker- und der Massagekundigen. Horaz geht es gut, er ist gesund, er dichtet, wenn auch wenig (arbeitet an einem Denkmal, dauerhafter als Dampf), er hat, Maecenas und seiner Großzügigkeit sei Dank, keine materiellen Sorgen, er könnte glücklich sein. Aber er ist einsam, und so schreibt er Briefe. Er schreibt an Freunde und Bekannte, möchte, daß sie ihm Gesellschaft leisten. Er hat das Geschirr geputzt, bis es blinkt, der Kühlschrank ist wohlbestellt, ebenso der Weinkeller, man könnte Western oder Komödien auf dem Breitbildschirm sehen (auf Latein), Schach spielen, musizieren, einander Gedichte vorlesen; aber sie sind nicht da, die Gefährten. Und Glück, was ist das überhaupt. Wer ist schon glücklich?

Maecenas hat Geld, viel Geld, doch zufrieden scheint er nicht zu sein. Horaz hält es für angebracht, ihm im ersten Brief zu schreiben: «So sind die Reichen voll wankelmütiger Launen, und die Armen sind auch nicht besser, nur eben ärmer. Sie wechseln heute den Garten, morgen das Bett und das Bad und übermorgen vielleicht den Friseur, und im gemieteten Kahn sitzen sie ebenso mürrisch und unzufrieden wie die hohen Herren in prächtigen Seglern.» Aber ist Zufriedenheit eine Bedingung des Glücks, gar nur ein anderes Wort dafür? Horaz beginnt nachzuforschen, bereit, zu lernen, denn dies muß man tun, schreibt er, wenn man das Leiden lindern will, das uns am Glück hindert. An Iccius: «Woher die harmonische Zwietracht in allen Dingen der Welt?» An Celsus: «Wenn ich in Rom bin, will ich nach Tibur, in Tibur sehne ich mich nach Rom.» An Fuscus: «Wer den feinen sidonischen Purpur nicht unterscheiden kann von einfacher Wolle, die sich betrunken hat mit billiger roter Farbe, den nennen wir einen Banausen.» Sich die Dinge nicht leicht zu machen, sie aber leicht zu nehmen, könnte das zum Glück führen? Er zweifelt, er ist unsicher, auch über sich selbst: «... wo mich der Wind ins Haus weht, da bin ich zu Gast: Einmal tummle ich mich im Gewoge der Politik als Wächter der wahren Tugend und Kettenhund der Moral, dann wieder ... mache ich mirs bequem ... Solang ich kein Geld habe, preise ich gern das einfache Leben, mit wenigem bin ich zufrieden, ein richtiger Philosoph. Sobald es dann aber ein bißchen besser und fetter kommt, dann sage ich: Ihr allein kennt die Kunst und die Lust des Lebens, Ihr, deren Reichtum sich spiegelt in funkelnden Häusern.»

Der Mensch in seinen Widersprüchen. Tugend aber, sagt Horaz, ist dies: Die Mitte zwischen den Lastern halten.

Gesetze wirken auf uns, die in den Rechtsbüchern nicht geschrieben stehen, man versucht ihren Geist zu fassen, die sich immer wieder entziehende Gestalt in eine – wenigstens vorläufige – Form zu gießen; aber das Rätsel ist ungelöst, wir müssen, wenn wir erkennen wollen, hinab ins Rätsel.

Kulturen wachsen und vergehen für den, der zurückschaut, nicht nacheinander, sondern nebeneinander, sie durchlaufen, wie Individuen, Früh-, Reife- und Altersstadien; das könnte einer der Gründe sein, warum uns das Rom des Horaz so nahe erscheint: das Reife- und Altersstadium der römischen Kultur ist der unseren verwandter als etwa das Jugendstadium der Gotik, die doch tausend Jahre später auftrat. Wie Horaz ist uns die Gewißheit, wie man leben soll, erst recht, wie man «richtig» leben soll, abhanden gekommen. Doch wie Horaz können wir versuchen, einen Weg zu finden, die Orangenallee auf der römischen Insel, die wie eine unerreichbare Verheißung erscheint und doch, womöglich, nahebei liegt, an einem der Arme des achtarmigen Flusses, der durch unsere Tage fließt; wir könnten, sagt Horaz, wenn wir wollten, dorthin, noch ist Zeit, der Weg ist möglich, sein Beginn sichtbar. Oder ist alles nur Trug und falsches Versprechen?

Wenn Horaz in Rom ist, als Schreiber im Staatsarchiv, dem Tabularium, hat er von seinem Arbeitsplatz aus einen freien Blick auf das Forum Romanum und den Markt, wo die römische Gesellschaft ihm das Welttheater vorspielt, auf dem die Schauspieler wechseln, das Stück aber im Grunde immer das gleiche ist.

# ZEITTAFEL

| | |
|---|---|
| 100 v. Chr. | Caesar geboren |
| 91–89 | Krieg Roms gegen die italischen Stämme (Bundesgenossenkrieg) |
| 8. Dezember 65 | Quintus Horatius Flaccus (Schlappohr) in Venusia in Süditalien (heute Venosa) geboren |
| 60–50 | Caesar beginnt mit den Eroberungen nördlich der Alpen (Gallien, Germanien, Britannien) |
| 56 | Lucullus, der reichste Mann Roms, stirbt in geistiger Umnachtung |
| Um 55 | Horaz in Rom |
| 49 | Caesar überschreitet den Rubicon und eröffnet damit den Bürgerkrieg |
| Um 47 | Horaz zum Studium in Athen |
| 45 | Caesar Diktator auf Lebenszeit |
| 44 | Caesar ermordet, Horaz schließt sich Brutus an |
| 43 | Cicero stirbt |
| 42 | Brutus in der Schlacht bei Philippi besiegt durch Octavian und Antonius; Horaz, zurück in Rom, übernimmt das Amt eines *Scriba quaestoris* und beginnt zu dichten (Satiren, Epoden) |
| Um 38 | Auf Empfehlung seines Freunds Vergil wird Horaz bei Maecenas vorgestellt |

| Um 37 | Horaz in den Freundeskreis um Maecenas aufgenommen |
| 35 | Horaz schließt das Erste Buch der *sermones* (Satiren) ab |
| 33 | Maecen schenkt Horaz das Sabinum (Landresidenz bei Rom) |
| 31 | Mit dem Sieg Octavians in der Seeschlacht bei Actium und dem Tod seiner Widersacher Antonius und Kleopatra endet der seit 18 Jahren andauernde Bürgerkrieg |
| Um 30 | Bei Gartenarbeiten auf seinem Landgut wird Horaz von einem Baum schwer verletzt |
| Um 29 | Horaz beginnt mit der Dichtung der *carmina* (Oden) |
| 27 | Octavian erhält den Titel «Augustus» |
| 23 | Horaz gibt die drei ersten Bücher der Oden heraus; Beginn der Arbeit an den *epistulae* |
| 20 | Das erste Buch der *epistulae* erscheint |
| 17 | Horaz verfaßt im Auftrag des Kaisers Augustus das offizielle Gebet zu den alle hundert Jahre stattfindenden Säkularfeiern *(carmen saeculare)* |
| Um 14–10 | Das zweite Buch der *epistulae* und das vierte Buch der Oden erscheinen |
| September 8 | Maecen stirbt |
| 27. November 8 | Horaz stirbt |

# DIE BRIEFE DES HORAZ

## ERSTES BUCH

# ERSTER BRIEF: AN MAECENAS

Dir gehörte mein erstes Gedicht, Dir will ich einst auch mein letztes widmen, Maecenas. Auftritte, Preise, Publikum – das alles hatte ich reichlich. Und nun? Willst Du mich einsperren wie einen Gladiatorenkämpfer ins Übungslager? Ich bin nicht mehr jung, und ich denke und fühle anders als früher. Veianus hat sein Schwert an die Säule im Herkulestempel gehängt und lebt auf dem Lande, zurückgezogen, allein, ja versteckt, um nur nicht noch einmal die Ehrenrunde durchschreiten zu müssen in der Arena. Da ist eine Stimme, die sagt mir immer dasselbe ins Ohr – und mein Ohr ist wohlgereinigt: «Löse beizeiten dem alternden Rennpferd Zaum und Geschirr, erspar ihm, ins Ziel zu stolpern als ein Verlierer, rette es vor dem Spott.»

Also lege ich jetzt die Gedichte beiseite und das ganze poetische Spiel. Was sich ziemt und was nicht, was Wahrheit ist und was Recht, danach frage ich jetzt, darum will ich mich mühen, ich sammle und sichte, was mir, vielleicht schon sehr bald, von Nutzen sein kann. Und bitte, frag nicht sogleich, welchem geistigen Führer, welcher Richtung und welcher Philosophie ich folge. Ich habe mich – keinem Lehrer verschrieben, ich denke auf eigene Rechnung, und wo mich der Wind ins Haus weht, da bin ich zu Gast: Einmal tummle ich mich im Gewoge der Politik als Wächter der wahren Tugend und Kettenhund der Moral, dann wieder, wenn es mich ankommt, mache ich mirs bequem bei den Lehren des Aristipp und versuche, die Umstände mir statt mich den Umständen anzupassen.

Lang ist die Nacht für den, der vergeblich seine Geliebte erwartet, lang der Tag des Mannes, der arbeiten muß, und träge, träge quält sich das Jahr eines Jungen dahin, den die Mutter mit ihren Sorgen erstickt. So fließt auch mir sehr zähe die Zeit, die mich hindert, meiner Hoffnung und meinem Entschluß gemäß endlich etwas zu schreiben, das den Armen ebenso nützt wie den Reichen, etwas, worüber sich niemand, ob alt oder jung, ohne Schaden hinwegsetzt.

So suche ich Trost bei den Anfangsgründen der Weisheit: Deine Augen sind schwach? Du bist weder Lynkeus noch bist Du ein Adler? Trotzdem solltest Du Deine Augen, wenn sie entzündet sind, salben; das ist vernünftig. Stark wie die Arme des Ringers Glykon sind Deine Arme wohl kaum? Und dennoch ist es Dir nicht egal, ob die Gicht Deine Knochen verknotet. Auch wenn man weiß, daß man nicht zum Äußersten vordringt, bleibt es doch sinnvoll, weiter voranzugehen. Du glühst vor Gier? Du bist krank vor Geiz? Rede darüber. Höre, was andere sagen. Das hilft. Worte können Wunder wirken. Du bist aufgeschwollen von Ehrgeiz und Sucht nach Anerkennung? Lies dieses Buch mit reinem Herzen drei Mal. Du wirst sehen, das ist eine gute Übung. Ob Jähzorn Dich quält oder Geiz, ob Du ein Hurenbock bist, ein Trunkenbold oder ein Faulpelz – niemand ist so verwildert, daß er sein Leiden nicht wenigstens mildern könnte. Nur muß er bereit sein zu lernen.

Wer das Laster flieht, tut den ersten Schritt zur Tugend. Wer die Dummheit meidet, öffnet das Tor zur Weisheit. Zahlreiche Mühen, maßlose Lasten, Arbeit und Fron trägst Du geduldig, um dem zu entgehen, was Dir als schlimmstes Unglück erscheint: Armut und Wahlniederlage. Dafür fährst Du ruhe- und rastloser Händler bis zu den Rändern der Welt, Du gehst durchs Feuer und wanderst durch steinerne Wüsten – warum? Um Geld zu verdienen. Weil Du Angst vor der Armut hast. Diese Mühen und Sorgen um Dinge, vor denen allein Deine Dummheit Dich niederknien und sie anbeten läßt – willst Du nicht lernen, wie man sie loswerden kann? Denke Dir einen Boxer, der sich um wenig Geld von Dorffest zu Dorffest prügelt, ein mühsames, armes, gefährliches Leben, wie Du mir zugeben mußt. Und diesem erbärmlichen Menschen schlagen wir vor, in Olympia anzutreten, ja nicht nur das: Der Sieg, so versprechen wir ihm, sei ihm jetzt schon sicher, er müsse sich nie mehr im Staub eines Dorfplatzes wälzen. Was glaubst Du wohl: Lehnt er ab, oder nimmt er das Angebot an?

Gold ist mehr wert als Geld, und Tugend noch mehr als Gold. «Mitbürger, Freunde! Das Größte Gesetz heißt: Geld! Erst wenn die Münzen im Kästchen klappern, reden wir über die Tugend der Seele!» So tönt es überall auf den Märkten, von rechts und von links, so tönen die Jungen, so haben es schon die Alten gesagt, immer die Finger am Rechenschieber. Du hast Herz und Redetalent, Manieren, Moral, und Du bist den Gesetzen treu – doch leider fehlen Dir tausend Sesterzen an der halben Million, die man braucht, um zum Ritterstand aufzusteigen? Pech gehabt! Leider ein Pöbel geblieben!

Es gibt da ein Kinderlied, das mir sehr gefällt und nach dem schon die Helden der alten Zeiten lebten: «Wer recht tut, wird König.» Das also soll unsere Rüstung sein: Nichts sich vorwerfen, nie erblassen oder erröten müssen. Freilich sagt das Gesetz: Nur wer zum Ritterstand zählt, hat ein Recht auf die ersten Reihen im Stadttheater. Wer, glaubst Du, rät besser: Der sagt ‹Geld mußt du machen, Geld, wenn es geht, auf ehrliche Weise, wenn nicht, dann eben mit allen Mitteln, egal ob redlich oder mit Lug und Trug:

Hauptsache Geld! Geld mußt du haben, und bald schon darfst du die trüben Theaterstücke des Pupius ganz aus der Nähe betrachten.›

Oder gibt vielleicht der den besseren Rat, der Dich mahnt und stärkt, der Dir hilft, frei und erhobenen Hauptes dem stolzen Schicksal entgegenzutreten? Wenn mich also die Römer fragen, warum ich mit ihnen die Schatten der Säulengänge, doch keineswegs ihre Meinung über das Leben, ihre Denkart und ihre Geschmäcke teile, so gebe ich Antwort mit eben dem Satz, den einstmals der kluge Fuchs zu dem hungrigen Löwen sagte: «Die Spuren machen mir Angst; alle führen hinein in die Höhle, keine einzige wieder heraus.» Ein Ungeheuer bist Du, o römisches Volk, ein Ungeheuer mit hundert Köpfen. Was tun? Wem folgen? Einige machen Jagd auf das Geld des Staates. Andere werfen die Angel mit süßem Köder nach geilen Witwen, wieder andere haben die Netze gespannt, um alte unbekinderte Männer zu fangen. Und manches Vermögen wird fett vom stummen Wachstum der Zinsen und Zinseszinsen.

Wohl ist es wahr, daß nicht jeder dem gleichen, sondern der eine diesem, der andere jenem Lebenszweck folgt. Ja sogar ein und derselbe Mensch – ändert er nicht seine Ziele von einer Stunde zur anderen? «Oh Strand von Baiae! Nirgends könnte es schöner sein!» sagt der Reiche, und bald schon spüren der See und das Meer mit Schmerzen, was es bedeutet, von reichen, zu allem entschlossenen Bauherrn geliebt zu werden; der aber, wenn ihm, wie man so sagt, versehentlich eine Laus über die Leber läuft, plötzlich die Arbeit abbrechen läßt: «Nehmt euer Werkzeug und bringt es sofort zur Bucht von Teanum, Handwerker!» Ein Ehebett steht im Schlafzimmer – ach, wie schön es sein muß, allein zu leben! Kein Ehebett steht im Schlafzimmer – ach, hätte ich doch eine Frau! Sag mir, mit welchem Seil ich diesen tausendfach die Gestalten wechselnden Proteus fange! So sind die Reichen voll wankelmütiger Launen, und die Armen sind auch nicht besser, nur eben ärmer. Sie wechseln heute den Garten, morgen das Bett und das Bad und übermorgen vielleicht den Friseur, und im gemieteten Kahn sitzen sie ebenso mürrisch und unzufrieden wie die hohen Herren in prächtigen Seglern. Nehmen wir an, ich komme frisch vom Friseur, er hat mir ein Loch in die Haare geschnitten, da treffe ich Dich – und was machst Du? Du lachst über meine Frisur. Oder mir guckt ein Zipfel der Tunica aus der Toga, oder die ganze Toga hängt schief, meine Kleider sind miteinander zerstritten – Du lachst. Du lachst? Wenn aber ich mit mir selbst im Zwist bin, nicht weiß was ich will, verfluche, was ich mir eben noch wünschte, mich sehne nach dem, was ich grade erst wegwarf, wenn die Zerrissenheit meiner Seele mein ganzes Leben in Unordnung bringt, aufbaut und abreißt und aufbaut und abreißt in einem fort, Rundes eckig und Eckiges rund haben will – dann denkst Du: Das ist normaler, alltäglicher Irrgang, ganz gewöhnlicher Wahnsinn, Du lachst nicht und rufst keinen Arzt, bestellst mir auch keinen Vormund, obwohl Du doch sonst mein Schutz und mein Schirm bist in allem und Dich schon grämst, wenn mir, Deinem immer ergebenen Freund, der Nagel am kleinen Finger nicht grade geschnitten ist.

Alles in allem: Näher als alle anderen Menschen bei Gott steht der Weise; Weisheit macht reich und frei, schön und berühmt, der Weise ist König der Könige, und vor allem ist er gesund – außer, er hat einen Schnupfen.

## ZWEITER BRIEF: AN MAXIMUS LOLLIUS

Das Buch vom Trojanischen Krieg, Maximus Lollius, lese ich wieder, hier in Praeneste, während Du Rhetorik hörst und Philosophie in Rom. Der Dichter Homer, so scheint mir, sagt besser, vor allem genauer, was schön und was häßlich, was nützlich und schädlich ist als Chrysippus und Krantor es sagen und alle die Philosophen. Warum ich das denke? Hör zu (wenn Du nichts Besseres vorhast)!

Was Homer vom trojanischen Prinzen Paris erzählt, von dessen Liebe zur schönen Griechin Helena und wie die Trojaner und Griechen deswegen den elend langen Krieg begannen – wie schlagen darin die Flammen der Grausamkeit und der Dummheit hoch von Völkern und ihren Herrschern! Antenor rät seinem Freunde Paris, den Krieg zu beenden und die geraubte Frau den Griechen zurückzuerstatten. Was erwidert nun Paris? Niemand, so sagt er, könne ihn zwingen, gesund zu werden und gut zu regieren. Im Lager der Griechen wieder rastet der alte Nestor nicht, den Streit des Achilles mit Agamemnon zu schlichten; erst glüht der eine vor Liebe, und später brennen sie beide vor Zorn; die Könige rasen, und das Fußvolk empfängt die Prügel. Aufruhr, Verrat, Verbrechen, Geilheit und Haß – das Laster lebt drinnen in Trojas Mauern so gut wie draußen im Feld. Was aber Tugend und Klugheit vermögen, zeigt uns Homer am Beispiel Odysseus: Nicht nur, daß er Troja bezwang, nein, dieser Mann hat die Städte und Sitten der Menschen erforscht auf Reisen weit übers Meer, ein Mann von Erfahrung und Weitsicht, er hat seine Reisegenossen nach Hause gerettet und harte Schicksalsschläge ertragen; er hielt, als um ihn und über ihm alles zusammenbrach, unerschütterlich stand. Du kennst die Geschichte vom Zaubergesang der Sirenen und die von den Giftgetränken der Circe: Wäre Odysseus so dumm und so gierig gewesen wie seine Reisegenossen, er wäre zum schmutzigen Hurenhund, ja zur grunzenden Sau geworden – und blöde noch obendrein.

Wir Menschen sind kleinere Nummern als zu denken uns angenehm ist, wir sind geboren, die Früchte der Erde zu essen, wir gleichen Penelopes Freiern oder den jungen Herren am Hof des Alkinoos; sie fanden es schön, bis tief in den Mittag im Bett zu liegen, und ließen sich gerne vom Klang der Leier im Halbschlaf halten.

Mörder stehen beizeiten auf, wenn sie im Morgengrauen den tödlichen Würgegriff tun; Du aber, um Dich selber zu retten, findest nicht aus dem Stroh? Wenn Du nicht rennst, solang Du gesund bist, so wirst Du es wohl oder übel tun, wenn Du krank bist. Und wenn Du nicht früh am Morgen zum Buch und zum Licht langst und wenn Du versäumst, Deinem Geist mit geistiger Arbeit den Schlaf zu stehlen, so rauben ihn Dir der Neid und die Eifersucht. Was Dein Auge beleidigt, läßt Du schnellstens entfernen – doch wenn es im Innern nagt und frißt, dann läßt Du Dir Zeit und verschiebst die Kur.

Wer anfängt, hat schon die Hälfte erreicht. Trau Dich, weise zu werden; fang damit an! Jetzt! Wer das richtige Leben auf später verschiebt, gleicht dem Mann, «der Tag für Tag an des Flusses Ufer wartet, bis die Wasser abgeflossen, die doch ewig fließen.» Natürlich möchte man Geld, außerdem eine Frau, die Kinder gebiert und zufrieden ist, schließlich auch ein Stück Land zum Bebauen: Gut, wenn der, der genug hat, nicht mehr haben will. Weder Dein Land noch Dein Haus, weder die Scheune voll Weizen noch Keller voll Gold heilen die Fieber des Körpers oder der Seele. Wer krank ist, kann sich der Schätze, die er gesammelt hat, durchaus nicht freuen. Wen Ängste und Wünsche treiben, dem nützt sein Haus und sein Reichtum soviel wie dem Augenkranken ein buntes Bild, dem Lahmen ein Schuh und der feinste Klang der Gitarre dem Mann, dessen Ohren entzündet und zugestopft sind mit Schmutz und mit Schmalz. Wenn der Krug nicht rein ist, wird jeder Wein, den Du einfüllst, sauer.

Achte die Lust gering: Sie schadet, wenn sie mit Schmerz erkauft ist. Habsucht macht arm: Ein gieriger Mensch ist immer in Not. Setz Deinem Wunsch und Begehren sichere Grenzen. Der Neidische magert ab beim bloßen Anblick des Glückes anderer Menschen. Neid ist schlimmer als alle Foltern, die sich Siziliens Diktatoren ausgedacht haben. Wer seinen Zorn nicht zähmt, der wird nur allzubald wünschen, es wäre das, was ihm Schmerz und Leidenschaft rieten, niemals geschehen; niemals geschehen auch das, was er tat, als Wut und Rachlust ihn zur Gewalttat hetzten. Zorn ist ein kurzes Gewitter. Beherrsch Deine Leidenschaften. Wenn Du sie nicht regierst, dann wirst Du ihr Knecht. Bremse sie, leg sie in Kette und Fessel. Solange der Hals eines Pferdes noch biegsam und jung ist, läßt es sich lehren, die Schritte dahin zu lenken, wohin ihm der Reiter befiehlt. Der junge Hund lernt zu Hause die ausgestopften Hirsche verbellen, später tut er dann Dienst im Wald. Nimm diese Worte, mein Junge, mit reiner, durstiger Seele auf; sei bereit für das Bessere, jetzt. Ein Krug behält sehr lange den Duft, den er am Anfang empfing. Wenn Du trödelst – ich warte nicht. Und ich bedränge Dich nicht, wenn Du vorangehst.

# DRITTER BRIEF: AN JULIUS FLORUS

An welchen Küsten, Julius Florus, kämpft das Heer des
Claudius Nero, das würde ich allzugern wissen. Schreib
mir. Stapft Ihr durch thrakischen Schnee, der Eure Fußge-
lenke umklammert wie Fangeisen? Steht Ihr am Hellespont
und seht dem Meerwasser zu, wie es die Enge zwischen den
beiden Türmen durcheilt? Oder liegt Ihr bereits auf Asiens
fetten Hügeln und fruchtbaren Auen? Und was treibt die
Bande der jungen Dichter? Auch das bewegt mich. Hat
sich jemand gefunden und aufgerafft, Leben und Wirken
des Kaisers Augustus niederzuschreiben? Die Schlachten
und Friedensschlüsse aufzubewahren für alle Zeiten? Und
Titius – dessen Name in Rom schon sehr bald, wie ich
glaube, in aller Munde sein wird – versucht er noch unver-
drossen, Gedichte schön und schwer wie Pindars Gesänge
zu schreiben? Langweilt es ihn noch immer, aus Quellen
zu trinken, die leicht und für jeden zugänglich sind? Wie
geht es ihm? Denkt er an mich? Arbeitet er daran, mit
dem schlichten lateinischen Bogen die thebanische Leier
zu streichen? Oder tobt er sich aus in tragischen Dialo-
gen? Und Celsus – mein Guter, was macht er? Wieder und
wieder ermahne ich ihn und tu es auch jetzt, er soll nach
Kräften vermeiden, die Bücher der Alten zu plündern.
Wer sich, so lehrt uns die Fabel, wie weiland die Krähe
mit bunten Federn anderer Vögel schmückt, der muß
damit rechnen, daß sich diese anderen irgendwann, von
Rachegedanken gehetzt, die gestohlenen Federn wiederho-
len – wie sieht dann die Krähe aus? Ich glaube: Kahl und

gerupft bis zur Lächerlichkeit! – Und was, mein Guter, treibst Du? Schwirrst Du von Blüte zu Blüte? Es fehlt Dir nicht an Begabung, Dein Geist ist kraftvoll gebildet und nicht verwildert wie struppiges Haar. Du weißt die Worte zu setzen und die Sätze zu formen wie wenige sonst: Ob Du juristische Gutachten schreibst, ob Du Reden vor dem Gericht hältst oder ein Liebeslied dichtest – immer wirst Du den Lorbeer des Siegers erringen. Würdest Du Dich von der zähen Qual Deiner Sorgen befreien, Du könntest der himmlischen Weisheit folgen, wohin auch immer sie Dir vorangeht. Das ist die Arbeit, die wir, so klein und gering unser Beitrag auch sein mag, uns eilen müssen zu tun, wenn wir des Vaterlandes würdig sein wollen und unsrer selbst. Bitte, wenn Du mir antwortest, schreibe mir auch, ob Du Dich um Munatius kümmerst, wie es ihm zukommt. Oder riß die alte Wunde von neuem auf? Und will sich nicht schließen und heilen? Seid Ihr zu heißblütig oder kennt Ihr die Welt zu wenig, daß Ihr die zornigen Nacken nicht beugen könnt in das Joch der Vernunft? Gleichgültig, wo Ihr lebt, überall schickt es sich schlecht, das Band der Brüderlichkeit zu durchschneiden. Ich mäste das Rind schon, das ich, wenn Ihr zurückkommt, zu Eurer Begrüßung schlachte.

## VIERTER BRIEF: AN ALBIUS

Albius, freundlicher Kritiker meiner Satiren, was treibst Du auf Deinem Landgut in Pedum? Schreiben, nehme ich an, vermutlich Gedichte, und besser als Cassus aus Parma. Oder schweifst Du – ein Schweigender unter den Stummen – im heilsamen Duft der Wälder und denkst über

Weisheit und Tugend nach, und was sie dem Menschen zu tun empfehlen? Nein, Du bist nicht nur Fleisch, Du hast Charakter. Und die Götter haben Dir Schönheit und Geld gegeben, und Du verstehst die Kunst zu genießen. Was denn mehr sollte sich bei der Geburt eines Knaben die Amme wünschen, als dies: Er kann denken und was er empfindet auch sagen, er wird ein berühmter Mann, er weiß zu bezaubern und bleibt gesund, er bewegt sich leicht in der Welt und nie ist sein Geldbeutel leer. Zwischen Wut und Angst, zwischen Hoffnung und Sorge – denke von jedem Tag, der Dir leuchtet, es sei Dein letzter: Glücklich erscheint die Stunde dem, der sie nicht erhofft hat. Ich meinesteils bin rund, meine Haut ist gesund, ich glänze rosig und fett wie ein Ferkel aus epikuräischer Zucht – wenn Du Lust hast zu lachen, komm zu Besuch.

## FÜNFTER BRIEF: AN TORQUATUS

Wenn Dir meine Liegen nicht allzu unbequem sind (sie stammen aus der Werkstatt des Archias, sind also etwas kurz), und wenn Dich meine bescheidene Küche (es gibt nur Gemüse) nicht abschreckt, Torquatus, erwarte ich Dich bei untergehender Sonne zu Hause bei mir. Achtjährigen Wein aus der Gegend zwischen Petrina und dem Moor von Minturna gibt es bei mir. Falls Du besseren hast, bring ihn mit, falls nicht, füge Dich meinem Geschmack.

Der Herd ist geputzt und blinkt, das Geschirr ist sauber, alles ist vorbereitet für Dich. Laß die kleinlichen Exspektanzen, laß die Grabenkämpfe um Geld, den Prozeß gegen Moschus – morgen ist Feiertag, Caesars Geburtstag, da dürfen wir schlafen bis spät in den Mittag und können die laue Nacht in mildem Gespräch durchsegeln.

Wir haben Geld und Glück! Warum sollten wir nicht Gebrauch davon machen? Wer geizig und grimmig ist, stets besorgt, sein Erbe könne geschmälert werden – der wohnt in bedenklicher Nähe zum Wahnsinn. Ich streue Blumen und fange schon an zu trinken, und wer mich deshalb für unklug hält – nun gut, ich werde es wohl zu tragen wissen. Der Wein hat schon viele Wunder vollbracht: Er öffnet, was verschlossen ist, und spendet Verzweifelten Hoffnung, Zaghafte führt er zum Kampf, den Niedergedrückten nimmt er die Last von der Seele und lehrt uns neue Wege zur Kunst. Die fruchtbaren Becher – wem lassen sie nicht die Worte leicht von den Lippen perlen, und wen, selbst wenn er arm ist, erlösen sie nicht, und sei es auch nur auf kurze Frist?

Ich habe für alles gern und mit Umsicht gesorgt: Die Betten sind frisch bezogen, Tischdecken, Mundtücher – alles ist sauber und duftet, in den Schüsseln und Gläsern kannst Du Dich spiegeln, und auch die Gäste sind sorgfältig ausgewählt, nur gute Freunde, die nichts von unseren Zechgesprächen nach außen tragen. Gleich und gleich, was sich gerne gesellt, Butra habe ich eingeladen, Septicius auch und Sabinus, der zugesagt hat – für den Fall, daß sein Mädchen ihn läßt. Du kannst auch Freunde mitbringen. Platz ist vorhanden; nur allzu eng sollte es nicht werden, sonst verdirbt uns der stinkende Ziegenbock unter den Achseln die Feier. Laß mich wissen, wieviele Ihr seid, dann leg Deine Arbeit beiseite, entwisch den Mandanten, die vor dem Haus auf Dich warten, durch die hintere Tür.

# SECHSTER BRIEF: AN NUMICIUS

Von nichts sich verwirren lassen – das ist vielleicht die einzige Haltung, mit der man, Numicius, Glück schaffen und wahren kann. Diese Sonne dort drüben, die Sterne, die gut geordnete Prozession von Frühling und Sommer, Herbst und Winter – wir sollten sie ohne Schrecken betrachten. Und was, Numicius, müssen wir wohl von den Bodenschätzen, den Früchten des Meeres, aus denen die fernen Inder und Araber Reichtümer schufen, von Theaterspektakeln, großen Geschenken, dem Beifall des Publikums halten, mit welchen Gefühlen, mit welcher Miene sollten wir dem begegnen?

Wer fürchtet, was ihm entgegentritt, wer Angst hat vor dem, was bevorsteht, der ist genauso gebannt und gelähmt wie der, der auf die Zukunft rechnet und hofft. Furcht lähmt, immer und überall: Die Ungewißheit der Zukunft jagt dem Bangenden ebensogut wie dem Hoffenden Schreck ein. Schmerz oder Freude, Wunsch oder Furcht – was tut das zur Sache, wenn ich, was immer meine Erwartung enttäuschen könnte, gebannten Auges, an Leib und Seele starr, betrachte?

Auch gebildete Menschen nenne ich dumm und ungerecht die Gerechten, wenn sie von irgend etwas – auch von der Tugend! – mehr, als genug ist, erstreben. Geh nun, bestaune Marmor und Silber, Bronzefiguren, Gemälde, Edelsteine und Tyrische Farbenpracht; genieße es, wenn Dich Tausende reden hören; bleib lang in der Stadt, strebsam bei den Geschäften, komm spät nach Hause, es könnte ansonsten geschehen, daß Mutus reichere Ernte einfährt als Du – und anstatt, daß er Dich beneidet, müßtest Du ihn bewundern – ihn! der aus kleinsten Verhältnissen stammt, wie gräßlich!

Die Zeit treibt alles ins Licht, was unter der Erde liegt. Und alles, was heute im Fett erglänzt, wird unter der Erde verderben. So gern Dich das Stadttor grüßt und so oft Dich die Appiastraße gesehen hat – eines Tages gehst Du den letzten Weg, den auch die größten Helden gingen. Wenn Dich ein Husten oder die Nierenkolik überfällt, dann wehrst Du Dich und versuchst, die Krankheiten zu bekämpfen. Ist es nicht dies, was Du suchst: Ein gutes Leben? Wenn aber nun die Tugend das einzig taugliche Mittel ist, um ein gutes Leben zu führen – laß alles andere liegen und sorge Dich nur um die Tugend.

Tugend ist nichts als ein Wort, so denkst Du? Der Altar nur ein Haufen Steine? Gut denn: Sieh zu, daß Dir niemand Deine Cibyrischen oder Bithynischen Handelsgeschäfte verhagelt, sieh zu, daß keiner vor Dir am Hafen ist. Raff die ersten tausend Talente zusammen, und die zweiten, und die dritten, und endlich die vierten, nur zu! Geld regiert, so sagt man, und wirklich: Mit Geld erwirbst Du Vertrauen und Freunde, eine reiche Frau, einen guten Namen und Schönheit. Geld verzaubert, macht geistreich, redegewandt und erotisch! Der kappadokische König hat viele Sklaven und wenig Geld – mache es nicht wie er! Halte Dich an Lukull: Man fragte ihn einst, ob er – man brauchte Kostüme für eine Theateraufführung – mit einigen Mänteln aushelfen könne; er sagte: «Ich glaube es kaum, will aber nachsehn und schicke euch, was ich entbehren kann.» Kurze Zeit später schrieb er, er habe seine Mäntel gezählt, es seien genau fünftausend, man möge sich holen, so viele man brauche, notfalls auch alle. – Arm ist ein Haus, wenn dem Herrn etwas fehlt, nachdem sich der Dieb bedient hat. Wenn Dein Glück also ganz aus Geld gebaut ist, sei immer als Erster am Werk, und lasse als Letzter die Hände sinken.

Wenn aber Ansehen, Gunst und Beliebtheit glücklich machen: kaufen wir uns einen Sklaven, der neben uns her durch die Stadt geht und uns von jedem wichtigen Menschen, dem wir begegnen, den Namen ins Ohr sagt, der uns mit seinem Ellenbogen links in die Rippen stößt, auf daß wir die Rechte zum Gruß ausstrecken: «Der da drüben, der ist der wichtigste Mann im Fabischen Stadtbezirk, der neben ihm geht, im Velinischen. Der macht dich zum Konsul, wenn er nur will, und setzt dich auch wieder ab, wenn er will.» Sag zu den Leuten «Mein Bruder!» oder «Mein Vater!», je nach Alter – so schaffst Du Dir ein vertrautes Verhältnis, als wären sie Teil Deiner großen Familie – das verbindet, glaube es mir.

Bist Du dagegen der Meinung, ein gutes Leben bestehe vor allem aus gutem Essen – mein Freund, es ist heller Tag – auf! Wohin uns die Gaumenlust leitet, zum Fischen, zur Jagd, wie Gargilius früher: Er ließ seine Sklaven am Vormittag durch das Gedränge der Altstadt Netze und Jagdspieße tragen und nachmittags kehrte die Jagdgesellschaft zurück, auf demselben Weg, die halbe Stadt schaute zu, und der Esel trug auf dem Rücken ein frisch getötetes Wildschwein. Gehen wir gleich nach dem Essen, unverdaut und schwankenden Bauchs ins städtische Bad. Was sich gehört und was nicht, das ist uns gleich. Benehmen wir uns wie Barbaren, wie die Gefährten des Helden von Troja, Odysseus, die ihr Leben verspielten für das Vergnügen, ein Stück gebratenes Rind zu verspeisen.

Wenn, wie der Dichter Mimnerus meinte, unser ganzes Leben nichts wert ist ohne die lustvollen Spiele der Liebe, so lebe, spiele und liebe! Leb gut und leb wohl! Bedenke die Regeln und folge ihnen mit mir. Wenn Du bessere Wege weißt zum richtigen Leben, verschweig sie mir nicht: Dann gehen wir sie gemeinsam.

## SIEBENTER BRIEF: AN MAECENAS

In einer Woche wollte ich wieder in Rom sein, so war es versprochen, und nun ist Ende August, und ich bin immer noch auf dem Land. Es ist wahr: Ich habe nicht Wort gehalten. Aber ich dachte, Maecenas, Du möchtest, daß ich gesund bin – und bleibe. Also bitte ich Dich: Was Du dem Kranken gestatten würdest, erlaub es auch dem, der fürchten muß, krank zu werden. Es ist jetzt die Zeit, wo die Feigen reifen, die Stadt ist stickig und heiß, Leichenbestatter und ihre düsteren Diener schmücken die Straßen, Väter und Mütter sind bleich vor Angst um die Kinder, im engen Gedränge um Markt und Gericht hat die Fieberseuche das leichteste Spiel und entsiegelt die Testamente. Wenn der Dezember die Felder um Alba mit der Farbe des Schnees überstreicht, dann wird Dein Dichter ans Meer verreisen. Und schonen wird er sich auch und mit nichts als mit Büchern Umgang pflegen; wenn Du möchtest, Maecen, dann sehen wir uns wieder bei Ankunft der Schwalben, im ersten Hauch des Frühlings.

Du hast mich reichlich beschenkt, und zwar auf andere Art als jener kalabrische Bauer, der seinem Gast verschrumpelte Birnen andienen wollte: «Iß nur, greif zu!» «Ach, danke, ich bin schon gesättigt.» «So nimm sie doch mit nach Hause! Ich schenke sie dir!» «Nein danke.» «Bring sie den Kindern mit, sie werden sich freuen.» «Ich bin dir so dankbar, als hätte ich schon alle Birnen nach Hause getragen.» «Na gut, wie du willst, dann geb ich sie eben den Schweinen.» Dumm schenkt, wer verschenkt, was ihm selber nichts wert ist: Er sät nämlich dauernden Undank. Wer anständig ist und klug, der hilft, wo es not tut, gern, aber er weiß Spielgeld von goldenen Münzen zu scheiden. Ich will mich würdig erweisen der Klugheit des Manns, der mich fördert. Wenn es aber Dein Wunsch ist, daß ich Dich nie verlasse, dann raubst Du Dir meinen freien Atem, mein schwarzes Haar, meine starke Stirn, das süße Geplauder, das Lachen und auch die schönen Seufzer beim Wein um die Treulosigkeit der zauberhaften Cinara.

Ein Füchslein, schlank und rank, kroch einst durch ein winziges Loch in die Korntruhe und aß sich voll und fraß sich dick – und steckte fest und kam nicht mehr vor und nicht mehr zurück. Da sagte das Wiesel, das zufällig ganz in der Nähe saß: «Wenn du dich freimachen willst, mein reizendes Füchslein, dann bleibt dir nichts übrig, als fleißig zu fasten, schlank mußt du werden, ja mager, so dünn, daß du wieder durch jenen Spalt paßt, durch den du die nahrhafte Truhe betratest.» – Die Moral der Geschichte ist klar, zumindest für mich: Ich verzichte auf alles; ich krieche gar nicht erst rein in die Truhe, ich preise den ruhigen Schlaf nicht erst dann, wenn mein Magen schwer von gebratenem Federvieh ist; meine Freiheit und Muße tausche ich nicht gegen Arabiens sämtliche Schätze.

Meine Bescheidenheit hast Du schon oft gelobt und hast mich Dich oft schon «Vater» und «König» nennen gehört – dieselben Worte gebrauche ich übrigens auch, wenn Du abwesend bist. Du wirst sehen. Wenn ich frei und zufrieden bin, kann ich Dir Deine Geschenke zurückerstatten. Telemach, der Sohn des geduldigen Helden Odysseus, handelte richtig, als er zu Menelaos sagte: ‹Ithaka ist kein

Land für Pferde, es fehlt da an weitem Gelände und saftigen Weiden; besser also, du behältst deine Pferde, Menelaos.» Für kleine Leute wie mich schickt sich nichts Großes: Das unbedeutende Tibur, das versonnene Städtchen Tarent – die sind mir lieber als römischer Pomp.

Einmal, am Mittag, kam Philipp, der tatendurstige, sehr erfolgreiche Anwalt vom Forum und, da er schon fortgeschrittenen Alters war, klagte er über den weiten Heimweg; da sah er im leeren, schattigen Laden eines Barbiers einen Mann, soeben rasiert, der sich in aller Ruhe mit einem Messer die Fingernägel vom Schmutz befreite. «Demetrius» rief er (Demetrius war der Sklave des Anwalts, ein ziemlich anstelliger Bursche), «Demetrius, lauf zu dem Herrn da und frag ihn aus! Von wo er kommt und wer er ist, will ich wissen, außerdem, ob er Geld hat, wie sein Vater heißt oder sein Herr undsoweiter.» Demetrius ging und fragte und kehrte zurück und erzählte, der Mann heiße Mena Vulteius, Gebrauchtwarenhändler mit wenig Vermögen und gutem Ruf, bekannt als einer, der arbeite – aber auch ruhe, ordentlich Geld verdiene – aber auch ausgeben könne, alles zu seiner Zeit, ein gepflegtes Zuhause habe er auch, unter einfachen Leuten gute Freunde, er besuche manchmal Theater und Zirkus und nach der Arbeit kräftige ihn der Sport auf dem Marsfeld. «Das soll er mir alles selber erzählen, sag ihm, ich lad ihn zum Essen ein.» Mena traut seinen Ohren nicht, er schweigt eine Weile, denkt nach und schließlich sagt er «Ach nein, vielen Dank, lieber nicht.» «Er weist mich zurück?» «Er weist euch zurück, der ungehobelte Mensch, entweder fürchtet er euch, oder er nimmt euch nicht ernst.» Am nächsten Morgen sucht ihn der Anwalt Philippus ein zweites Mal auf; Mena ist grade dabei, gebrauchte Bekleidungsstücke an Arbeiter zu verkaufen. Philipp grüßt ihn als erster. Mena bittet ihn um

Verzeihung, er habe soviel zu tun, die Geschäfte nähmen ihn ganz gefangen, deshalb habe er auch die Essenseinladung ablehnen müssen und nicht als Erster gegrüßt. «Ich will dir verzeihen», antwortet ihm Philippus, «doch nur, wenn du heute zum Essen kommst.» «Abgemacht.» «Also um vier heute nachmittag, bis dahin: Gute Geschäfte!» Pünktlich um vier erscheint Mena zum Essen, und er redet, worüber man eben redet und auch, worüber man besser schweige, und endlich geht er nach Hause schlafen. Von jetzt an sieht man ihn Tag für Tag zum Haus des Philippus ziehen, wie den Fisch zum verborgenen Köder, erst ein Klient und bald schon ein guter Freund, da lädt ihn Philipp zur Feier des Fests der Latiner ein in sein Sommerhaus vor der Stadt. Und Mena kommt mit. Er weiß sich gar nicht zu lassen vor Lobeshymnen über das Land und die gute Luft. Philipp sieht es und lächelt. Und halb, weil der andere ihm allmählich zur Last wird, halb, um ein kleines Vergnügen zu haben, schenkt er dem Mena siebentausend Sesterzen, weitere siebentausend schießt er ihm vor und sagt ihm, er solle sich doch selbst so ein kleines Bauerngut kaufen. Mena kauft. Und dann – ich will Dich jetzt nicht mit Einzelheiten traktieren – also kurz und gut: Der Stadtmensch wird Bauer und redet von morgens bis abends von Ackerfurchen und Reben, beschneidet die Ulmen, ist tätig bei Tag und bei Nacht und wird grau vor Geldgier und Fleiß. Doch eines Tages stiehlt ihm jemand die Schafe, die Ziegen kriegen die Seuche, eine ganze Ernte verhagelt, die Stiere fallen tot um vor Erschöpfung – und alle Hoffnung dahin, verzweifelt und wütend schwingt er sich da aufs Pferd und reitet bei Nacht und Nebel zu Philipp. Unrasiert, mit verwirrtem Haar tritt er ein und Philipp begrüßt ihn und sagt: «Mena, du siehst überarbeitet aus.» «Beim Pollux», antwortet Mena, «du brauchst kein Blatt vor den

Mund zu nehmen. Nenn mich ein Wrack und du sagst die Wahrheit. Bei allen Göttern im Himmel, bei deinem Herd und bei deiner rechten Hand, ich bitte dich, ach, ich beknie dich: Gib mich meinem früheren Leben zurück!»

Wer sieht, wie sich das, was er aufgab, als unendlich viel besser erweist als das, wonach er gestrebt hat, der gehe beizeiten zurück und rette, was er verließ. Den Schuh nach den Maßen des eigenen Fußes wählen – das ist die wahre Kunst.


## ACHTER BRIEF:
## AN ALBINOVANUS CELSUS

Muse! Sag Albinovanus Celsus, Neros Freund und Berater, ich wünsche ihm Glück und gutes Gelingen! Fragt er, wie es mir geht, was ich tue und lasse, so antworte ihm, ich dürfe mich nicht beklagen, meine Lage gebe sogar zu Hoffnungen Anlaß, trotzdem lebe ich weder gehörig noch angenehm. Nein, mir sind nicht die Reben verhagelt, die Hitze hat meine Olivenplantagen nicht ausgedörrt, auch mein Vieh ist wohlauf und siecht nicht auf fernen Äckern dahin – woran es mir fehlt, ist Geistesgesundheit. Die Seele ist krank, und ich will von dem, was mir helfen könnte, nichts hören. Meine treuen Ärzte lache ich aus, meinen Freunden, wenn sie versuchen, mich aus der trägen Schwermut herauszureißen, spucke ich ins Gesicht. Ich tue, was mir schadet, unterlasse, was mir nützt, ich bin unstet wie die Winde. Wenn ich in Rom bin, will ich nach Tibur, in Tibur sehne ich mich nach Rom.

Frag ihn bitte, ob er gesund ist, was er treibt und wie es ihm geht, ob er bei Nero noch gut im Kurs steht und ob ihm das Leben bei Hofe behagt. Wenn er «Ja» sagt, dann freu Dich mit ihm, doch vergiß nicht, ihm diese Ermahnung ins Ohr zu flüstern: «Celsus, denke daran, wie du dein Glück erträgst, so werden auch wir dich ertragen.»

## NEUNTER BRIEF:
## AN CLAUDIUS TIBERIUS NERO

Nur Septimus weiß, so hat es den Anschein, wie hoch Du, Claudius Nero, mich schätzt. Er bittet und drängt mich, ich soll bei Dir ein Wort einlegen für ihn und ihn empfehlen als einen, der würdig ist, einen Platz im Haus und im Herzen des Menschenkenners Nero zu finden. Septimus glaubt, wir seien sehr eng befreundet, er schätzt meinen Einfluß auf Dich viel höher ein als ich selbst, und ich habe mit tausend Ausreden ihm zu entkommen versucht, doch vergeblich. Ich fürchtete schließlich den Ruch eines Manns, der sich, um die eigenen Schäfchen unauffällig ins Trockene führen zu können, kleiner macht, als er ist. Dies schien mir das größere Übel von zweien, und also nehme ich hier meine Zuflucht zum offenen Wort, wie es die Art der Großstädter ist. Tadle mich nicht meiner Unbescheidenheit wegen. Ich tu es für Septimus, meinen Freund. Du wirst sehen, er ist ein aufrechter, tüchtiger Mann.

## ZEHNTER BRIEF: AN ARISTIUS FUSCUS

Fuscus, Freund der Stadt, sei mir gegrüßt, mir, der ich das Landleben liebe! Das ist alles, worin wir nicht einig sind, ansonsten sind wir wie Brüder, wie Zwillinge fast, wenn der eine Nein sagt, dann sagt auch der andere Nein, und wir nicken gemeinsam wie jene beiden alternden Tauben im Märchen; Du hütest das Nest, ich singe das Loblied der lieblichen Bäche, des Walds und der moosbewachsenen Steine.

Was willst Du? Ich lebe. Sobald ich hinter mir lasse, was Ihr in der Stadt bestaunt und bejubelt, bin ich ein König. Wie ein entlaufener Tempelsklave pfeif ich auf Kuchen und Honig; ich brauche Brot. Wenn es denn stimmt, daß man leben soll, wie die Natur es empfiehlt, und am besten zuerst den passenden Ort für das Haus, das man bauen will, sucht: Welcher Platz wäre besser geeignet dafür als das glückliche Land? Sind nicht die Winter milder hier draußen, und fächelt im Sommer hier nicht lieblich die Luft, wenn die Stadt vor Hitze erstickt und die Sonne beißt und reißt wie ein irrer Hund oder ein losgelassener Löwe? Wo denn zerfetzen Dir Sorgen und Neid weniger Deinen Schlaf als hier, auf dem Land? Leuchtet das Gras nicht frischer und schöner als libysche Mosaike in Rom? Riecht es nicht würziger? Glaubst Du, das Wasser, das in der Stadt die bleiernen Leitungen sprengen möchte, sei sauberer als der murmelnde Bach vor dem Landhaus? Ist es nicht so: Sogar in der Stadt will man Bäume zwischen die Säulen pflanzen, man ist stolz auf sein Haus mit Aussicht auf Blumen und Sträucher – vertreib die Natur mit Schüppe und

Forke – immer, wenn auch manchmal auf leisen Sohlen, kehrt sie zurück und setzt Deinem Übermut Grenzen.

Wer den feinen sidonischen Purpur nicht unterscheiden kann von einfacher Wolle, die sich betrunken hat mit billiger roter Farbe, den nennen wir einen Banausen, der sich, zu eigenem Schaden, nicht auskennt; was aber halten wir wohl von dem, der Wahrheit und Falschheit nicht unterscheidet? Wer sich am Glück des Geldverdienens zu sehr berauscht, dem wird, wenn ihn sein Glück verläßt, das Leben zur Qual. Niemand trennt sich gerne von dem, was er bewundert. Fliehe, was allzu groß ist. Auch in der Hütte kannst Du glücklicher leben als Könige und ihr Gefolge in hohen Palästen.

Ursprünglich hatte der Hirsch, weil er stärker war, das Pferd von der Weide verdrängt; aber das Pferd erbat sich die Hilfe des Menschen, es ließ sich die Zähne zäumen, und siegreich trieb es den Hirsch zurück in den Wald. Doch nun wird es weder den Zaum noch den Herrn auf dem Rücken los. So ist das: Wer seine Freiheit (die wertvoller ist als alle Edelmetalle) aus Angst vor der Armut aufgibt, der wird ein Sklave, ein speichelleckender Diener, weil er mit Wenigem nicht sein Genüge fand.

Was Du Dir wünschst, muß passen zu dem, was Du hast und kannst: Andernfalls gleichst Du dem Mann, der sich zu große Schuhe kaufte und folglich über die eigenen Füße fiel: «Das soll mir nie mehr wieder geschehen!» sagte der Mann, und er kaufte ein neues Paar Schuhe, diesmal (zum Ausgleich) eine Nummer zu klein. Sich mit sich selbst und dem eigenen Schicksal abfinden, glaub mir, Aristius, das ist Weisheit und das macht zufrieden. Und bitte: Sei mir ein guter Freund und spare nicht mit offenen Worten, wenn ich anfange, mehr als genug ist zu arbeiten und zu horten. Geld ist entweder Herr oder Sklave. Besser, scheint mir, der Hund folgt Dir an der Leine, als daß er Dich führt.

Das alles hab ich für Dich diktiert, ich sitze im Gras hinter dem alten, verfallenen Vacuna-Tempel, und zum Glück fehlt mir nichts: nur Du.


## ELFTER BRIEF: AN BULLATIUS

Wie fandest Du Chios? Und Lesbos, den Garten des feinen Geschmacks? Das verträumte Samos? Und Sardeis? Den goldenen Königspalast des Kroisus? Und Kolophon, Pergamon, Smyrna – waren sie größer, als Du erwartet hast, oder kleiner? Alles nichts, verglichen mit Rom und den Parks und dem Tiber? Oder bist Du des Reisens müde, froh, die staubigen Straßen endlich verlassen zu können und das gefährliche Meer? Ist Lebedos jetzt Dein Lieblingsort? (Kennst Du Lebedos nicht? Ein götterverlassenes Fischernest. Einsamer noch als Gabii oder Fidenis; trotzdem bin ich nicht ungerne da, abgetrennt von den Meinen, vergessen und gern vergessend, den Blick auf das Meer und das wütende Treiben Neptuns gerichtet.)

Wer auf dem Weg nach Rom, aus Capua kommend, vom Regen durchnäßt und vom Schlamm bespritzt, dankbar ein Gasthaus betritt, um sich säubern zu können, der wird, so froh er auch ist, keinesfalls wünschen, den Rest seines Lebens in diesem Haus zu verbringen. Ebensowenig glaubst Du, selbst wenn Du vor Kälte zitterst, ein warmes Bad und ein Herd seien ein für allemal alles, was man zum glücklichen Leben braucht. Und schließlich: Wenn Dich der Wind gesund übers Meer in den Osten geweht hat: Das ist kein Grund, Dein Schiff zu verkaufen und in der Ägäis zu bleiben. Nein, wer bei Trost ist, für den sind Rhodos und Mytilene so lebensnotwendig wie Mäntel im Sommer, wie eine kurze Toga im Schnee, wie ein Bad im Tiber zur Winterszeit und ein warmer Kamin im August. Solange es geht und solange das Glück Dir lächelt, bewundere Samos, preise Chios und Rhodos – doch tu es in Rom!

Nimm mit dankbarer Hand die glücklichen Stunden, die Jupiter Dir gewährt, und verschiebe nichts Schönes aufs nächste Jahr. Dann kannst Du sagen: Wo immer ich lebte, lebte ich gern. Denn wenn es stimmt, daß einzig Vernunft und Klugheit Dir Deine Sorgen zu nehmen vermögen, niemals aber der Himmelsstrich, den Du gerade bereist – dann fahren vergeblich alle, die an den Rand der Meere segeln, um ihrer Seelenqual Meister zu werden. Rastlose Langeweile treibt uns; wir suchen das Glück mit Schiffen und Wagen. Doch was Du suchst, ist hier in Ulubrae, in Rom, in Gabii, da, wo Du bist, wenn Deine Seele ruhig ist.

## ZWÖLFTER BRIEF: AN ICCIUS

Wenn Du die schönen Erträge, mit denen Sizilien Dir (dank Agrippa) die Kassen füllt, wenn Du sie ordentlich nutzt, dann wüßte ich nicht, was Dir zu wünschen noch übrig bliebe: Selbst Jupiter könnte Dich schwerlich reicher beschenken. Hör also auf zu jammern. Der ist beileibe nicht arm, der genug hat zum Leben. Wenn Dein Magen den Dienst nicht versagt, wenn Lunge und Beine gesund sind – was denn sollte das Geld Deinem Glück hinzufügen können? Wenn Du inmitten der Reichtümer still und bescheiden von Kräutern und Nesseln Dich nährst, so wirst Du gewiß auch weiter so leben, selbst dann, wenn Ströme des Glückes Dich ganz vergolden – Geld ändert viel, doch es ändert nie die Natur, und für Dich zählt, wie ich weiß, alles weniger als der Charakter.

Der Philosoph Demokrit, so lesen wir staunend in alten Büchern, sah ruhig zu, wie sein Vieh ihm Garten und Felder kahlfraß, während sein schneller Geist dem Gefängnis des Körpers immer wieder entwischte und herrliche Reisen machte – und Du, nicht minder bewunderungswürdig, läßt Dich vom Aussatz der Geldgier nicht befallen, Du kümmerst Dich nicht um Alltagsgeschäfte, sondern allein um die tiefen Fragen: Warum tritt das Meer nicht über die Ufer? Was ist der Grund für den Rhythmus der Jahreszeiten? Irren und schweifen die Sterne aus freiem Willen oder auf (wessen?) Befehl? Was macht, daß die Scheibe des Monds das eine Mal leuchtet, dann wieder schwarz ist und manchmal sogar errötet? Woher die harmonische Zwietracht in allen Dingen der Welt? Wer ist mehr aus der Spur gekommen – Stertinius, unser Stadtphilosoph, oder Empedokles, dessen Lehre zufolge die Seele des Menschen nach seinem Tode in Tiere und Pflanzen wandert?

Gleichgültig aber, wen Du gerade umbringst – die Lauchstange oder den Fisch –, bitte empfange freundlich den, der Dir diesen Brief überbringt, Pompeius Grosphus. Um weniges wird er Dich bitten, er ist ein bescheidener Mann, und rechtschaffen obendrein. Was er wünscht, mußt Du ihm von den Augen ablesen. Sei guten Menschen ohne Umstand behilflich, sie werden die kleine Mühe mit großer Freundschaft belohnen. Du sollst auch wissen, wie die politischen Dinge bestellt sind in Rom: Kantabrien hat sich Agrippas Stärke, Armenien der unsres Claudius Nero ergeben, Prahates schließlich, der kaukasische König, neigte sein Haupt vor unserem Kaiser und schwor den Eid auf das römische Recht. Wie Du siehst, gießt das Glück sein überfließendes goldenes Horn über Italien aus.

# DREIZEHNTER BRIEF: AN VINNIUS ASINA

Vinnius! Was ich Dir vor Deiner Abreise sagte, habe ich Dir hier noch einmal aufgeschrieben: Präg es Dir ein und beachte es gut!

Die Bücher, die ich Dir mitgab, darfst Du dem Kaiser nur dann überreichen, wenn er gesund und bei Laune ist und nach den Büchern geradezu dürstet. Bitte schade meinem bescheidenen Werk nicht durch Übereifer, sei kein allzu beflissener Diener und lenke den Zorn des Kaisers nicht auf meine Gedichte. Wird Dir die Last zu schwer, wirf sie ab! Sofort! Das ist gescheiter, als wenn Du Dich erst damit abschleppst, nur um, endlich am Ziel, vor Erschöpfung die kostbare Fracht in den Staub der Straße fallen zu lassen; man würde sich dann Deines edlen Familiennamens Asina mit Spott und Häme erinnern; Du würdest ein hübsches Tagesgespräch.

Teil Deine Kräfte ein, es geht über Hügel, Flüsse und Pfützen. Wenn Du dann glücklich – ein Sieger – die Reise hinter Dir hast und die Last meiner Bücher ist sicher bewahrt, fall nicht mit der Türe ins Haus, trag die Gesänge nicht unter dem Arm wie ein Metzger die Schweinehälfte, auch nicht wie die betrunkene Pirra einen gestohlenen Knäuel Wolle, erst recht nicht so wie ein Landarbeiter Mütze und Schuhe unter die Achsel klemmt, wenn er das Haus des Gutsbesitzers betritt. Erzähle nicht jedem, wie sehr Du geschwitzt hast, um Augen und Ohren des Kaisers mit meinem Gesang zu verzaubern. Du siehst: Wünsche und Bitten (meine eigenen eingeschlossen) zupfen und

zerren an Dir: Geh aber munter voran. Gute Reise! Leb
wohl und stolper nicht! Brich Deine kostbare Fracht nicht
entzwei!

## VIERZEHNTER BRIEF:
## AN DEN GUTSVERWALTER

Mein lieber Verwalter,

Du sorgst, wie ich weiß, treu für mein Gut, aber das
Landleben langweilt Dich sehr, wie ich ebenfalls weiß. Ich
dagegen – auf dem Land komm ich ganz zu mir selbst.
Unser Gut nährt fünf Familien, aus fünf Kaminen klet-
tert der Rauch, fünf ehrbare Bauern tragen von dort ihres
Schweißes Früchte nach Vara zum Markt. Messen wir uns!
Wer von uns beiden besser die Disteln ausjäten kann: Du
aus der Erde oder ich aus Deiner Seele! Sehen wir zu, wer
besser ist: Horaz oder sein Land!

Sorge und Mitgefühl halten mich jetzt in der Stadt
zurück: Lama, mein Freund, trauert um seinen Bruder. Er
weint, er leidet, er ist untröstlich, weil sein Bruder plötzlich hinweggerafft wurde. Trotzdem trägt mich mein Geist,
meine Seele aufs Land, und ich möchte die Schranken, die
Hürden, was immer mich trennt, zerbrechen. Ich sage:
Glücklich, wer auf dem Land – Du: Wer in der Stadt lebt.

Wem eines anderen Mannes Schicksal gefällt, der beklagt
gewöhnlich sein eigenes. Zu Unrecht! Es ist ja nicht der
Aufenthaltsort, der das Glück macht. Die Seele ist es, und
die entflieht sich bekanntlich nie! Als Du noch Hausdiener
warst, trieb Dich ein stilles Verlangen aufs Land. Jetzt, am
Ziel Deiner einstigen Wünsche, ein achtbarer Gutsverwal-
ter, zieht es Dich zu den Bädern und Lustbarkeiten der

Stadt. Ich bin mir gleich geblieben, Du siehst mich, wenn unangenehme Pflichten rufen, als traurigen Mann mein Landgut verlassen.

Wir haben nicht denselben Geschmack. Das ist der Unterschied zwischen Dir und mir. Was Du eine Wüste und trostlose Einöde nennst, das finde ich lieblich und reizend, und was Du schön findest, nennt, wer auf meiner Seite ist, häßlich. Gib es nur zu: Das Bordell und das fette Essen der Straßenbuden, das ist es, was Deine Sehnsucht erweckt. Du liebst es nicht, da zu leben, wo Weihrauch wächst und der Pfeffer und leider kein besonderer Wein, Dir fehlen die Kneipen und leichten Mädchen, die auf der Flöte blasen, während Du tanzt und den Boden stampfst. Stattdessen mußt Du Dich mühen, die Erde, die vielleicht lang keinen Pflug mehr gespürt hat, aufzuhacken, den Ochsen befreist Du aus seinem schweren Geschirr und pflückst ihm das Laub, das er frißt, und wenn Du dann glaubst, Du könntest Dich ausruhen, platzt ein Gewitterregen zur Erde, und schon baust Du Deiche und lehrst die rasenden Wasser die sonnigen Wiesen zu schonen. Was also stört den Einklang in unsrem Gesang?

Mich, den Du sich putzen und schmücken, sogar das Haar parfümieren sahst, den Du der schönen Cinara auch ohne Geld und Geschenke gefallen sahst, den Du ab mittags immer trunken vom Wein durch Rom torkeln sahst: Der nimmt jetzt mit kleinen Mahlzeiten vorlieb und legt sich danach zum Schlafen ins Gras an den Bach. Das wilde fröhliche Leben von früher bereue ich nicht – aber jetzt wieder anzufangen damit, das triebe mir doch die Schamröte ins Gesicht. Auf dem Land verfolgt mich nicmand mit schiefen Blicken, und keiner vergiftet mir mein Vergnügen mit hinterhältigen, bissigen Reden. Die Nachbarn lachen, wenn sie mich sehn, wie ich grabe und pflüge und schwitze.

Du würdest lieber in Rom das härteste Sklavenbrot essen; ich weiß, wie sehnlich Du hoffst, endlich wieder Sklave zu sein unter Sklaven. Unterdessen sagt mir mein niedrigster Hausknecht, er neide Dir heftigst den Umgang mit Holz, mit dem Vieh und den Gärten.

Träge Ochsen träumen vom Joch, die Pferde, wenn ihnen zu wohl wird, sehnen sich nach dem Pflug – ach wüßte doch jeder das, was er versteht, mit Lust und Liebe zu tun.

## FÜNFZEHNTER BRIEF:
## AN NUMONIUS VALA

… wie der Winter in Velia ist, der Himmel über Palermo, von welcher Art sind die Menschen, Numonius Vala, und wie die Straßen? Mir hat Antonius Musa – Leibarzt des Kaisers – verboten, ins warme Baia zu reisen. Er empfiehlt jetzt kühlere Orte. Und nun … sind die Leute in Baia schlecht zu sprechen auf mich. Auf mich! Der seinen Kopf unter kaltes Wasser hält mitten im Winter! Sie jammern, was wunder, daß niemand mehr ihre Myrten-Grotten besucht und die Schwefelbäder, die angeblich gut gegen zähe Muskelverhärtungen wirken, sie ärgern sich über die Kranken, die Gabii, Clusi und andere Eiskeller vorziehen und sich nicht scheuen, die Bäuche und Köpfe in Winterwasser zu tauchen. Mein Pferd muß die alten, vertrauten Wege verlassen und vorübergehn an liebgewordenen Reisequartieren. «Wo läufst du denn hin? Nein, gutes Pferd, nicht mehr nach Baia, nicht mehr nach Cuma wie früher!» So spricht der Reiter, übelgelaunt, und zieht, denn das gezäumte Pferd hat sein Ohr auf der Zunge, am linken Zügel.

Wo ißt man besser, in Velia oder Palermo? Kommt das Trinkwasser aus Zisternen? Oder frisch von der Quelle? Was den Wein betrifft – das kümmert mich wenig. Zu Hause auf meinem Landgut vertrage ich alles, was man mir vorsetzt. Wenn ich am Meer bin, ziehe ich feinen und lieblichen vor. Der vertreibt mir die Sorgen, der flößt meinem Herzen Zuversicht ein und macht mir das Blut in den Adern frisch, er bedient mich reichlich mit Worten – und jung macht er mich und empfiehlt mich meinem lukanischen Mädchen. In welcher der beiden Städte gibt es mehr Häschen, und in welcher mehr Eber? Wo findet man Fische? Und wo die besseren Muscheln? Ich möchte, wenn ich von dort nach Hause komme, wie ein Phäake fett sein! Deine Sache ist es, mir von all dem zu schreiben – und meine, Dir dann zu glauben.

Maenius übrigens, als er sein väterliches und mütterliches Erbe tapfer verjubelt hatte, Maenius also begann, in der Stadt als ein komischer Kerl zu gelten, ein Rumtreiber, wechselte öfter das Bett als das Hemd, und wenn ihm der Magen knurrte, kannte er weder Freund noch Feind und beleidigte jeden, der ihm im Weg stand. Pest, Gewitter und Höllenschlund auf dem Fleischmarkt! Und alles, was er ergattern konnte, stopfte er sich in den ewig neidischen Bauch. Wenn aber keiner sich fand, der ihm, aus Bewunderung oder aus Angst, etwas Geld gab oder ihn einlud, dann schluckte er schüsselweise billige Kutteln und Hirn und Zungen und Milz und ranziges Lammfleisch, drei Bären wären satt geworden davon, und er verfluchte die Schlemmerei und die feinen Mäuler – «man brenne ihnen die Mägen aus!» – er war ganz die bekehrte Wildsau. Derselbe aber, wenn er wieder ein besseres Stück erwischte, ließ das Lob der Bescheidenheit bald in Rauch und Asche aufgehn und sagte: «Beim Herkules, wahrlich, es wundert mich nicht, wenn manche Menschen ihr Vermögen verschlemmen, nichts ist besser als eine gebratene Drossel, nichts herrlicher als die Vulva der Sau.» – Ich bin genauso wie er. Solang ich kein Geld habe, preise ich gern das einfache Leben, mit wenigem bin ich zufrieden, ein richtiger Philosoph. Sobald es dann aber ein bißchen besser und fetter kommt, dann sage ich: Ihr allein kennt die Kunst und die Lust des Lebens, Ihr, deren Reichtum sich spiegelt in funkelnden Häusern.

## SECHZEHNTER BRIEF: AN QUINCTIUS

Damit Du nicht lange fragen mußt, Quinctius, Lieber, ob denn mein Gut mich ernährt mit Korn und Getreide, ob ich vielleicht sogar reich davon werde, von den Wiesen, dem Obst, den Oliven, den weinumflochtenen Ulmen – so will ich Dir also mein Grundstück beschreiben, seine Lage und seine Gestalt. Eine Hügelgruppe mußt Du Dir denken, unterbrochen nur durch ein schattiges Tal, und zwar so, daß die Sonne morgens die rechte Seite betrachtet, und abends behaucht sie die linke mit Licht und mit Wärme, ehe sie auf ihrem fliegenden Schiff im Westen verschwindet. Es ist mild, es würde Dir sehr gefallen. Erst recht, wenn Du hörtest, wie dort die Sträucher rote strotzende Beeren tragen, und Pflaumen, und wie Ilex und Eiche Vögel und Vieh in Hülle und Fülle mit Früchten – und mich mit Schatten beschenken. Du würdest wohl sagen: Die Laubdächer von Tarent – sind sie denn umgezogen? Aus Tarent in die Nähe Roms geflogen? Und eine Quelle ist hier, die sprudelt so kräftig, sie hat sogar einem kleinen Bach ihren Namen gegeben, kühler und reiner als dieser

Quell hüpft auch der Hebrus nicht durch das thrakische Land, und das Wasser lindert den Kopfschmerz und tut meinem Magen wohl. Gerne zieh ich mich hierhin zurück, in den lauschigen Winkel, das hält mich gesund – gesund für Dich, lieber Freund, bis tief in den späten September.

Was aber Dich betrifft, Dein Leben ist gut und richtig, wenn Du Dich mühst, so zu sein, wie man über Dich spricht. Du weißt ja, daß ich und mit mir die ganze Stadt groß von Dir denkt und redet. Nur fürchte ich eines: Du könntest anderen Menschen mehr als Dir selber glauben; Du könntest vergessen, daß niemand glücklicher ist als der Wissenschaftler des Guten und Rechten; Du könntest, während die Leute sagen: «Das ist ein starker, gesunder Mann!» beim Essen ein heimlich zehrendes Fieber verbergen, voller Angst, mit den fettigen Fingern zu zittern. Es ist die Art bei törichten Menschen, offene Wunden zu leugnen, statt sie zu heilen. Nehmen wir an, jemand sagt, Du seist als Soldat so überaus mutig gewesen zu Lande wie auch zu Wasser, und er träufelte Dir die folgende Schmeichelei in die gern geöffneten Ohren: «Glücklich bist du, denn es liegt, Jupiter sei gedankt, im gnädigen Zwielicht, ob dich das Volk von Rom mehr liebt als du das Volk!» – Du würdest unschwer erkennen, daß dieser Vers auf den Kaiser Augustus gemünzt war. Doch wenn Du hörst, wie jemand Dich einen weisen, vollkommenen Mann nennt, würdest Du antworten: «Ja, schaut her, ich bin es!»?

Zweifellos hat man es gern, so gerühmt zu werden. Aber wir wissen doch auch: Wer Dir heute die Ehre gibt, der kann sie Dir morgen auch wieder nehmen. Genauso verleiht und entzieht das Volk die Beamtenstellen; wer seines Amtes nicht würdig ist, muß seine Amtsrute niederlegen: «Gib sie ab, sie gehört mir!» sagt das Volk – und ich gebe sie ab, und ich trete betrübt beiseite.

Und wenn dasselbe Volk mich nun einen Dieb nennt, einen Lüstling und Wüstling, der seinem eigenen Vater die Gurgel umgedreht hat – soll ich mich darüber kränken? Soll mir das weh tun? Soll ich erröten? Falsche Ehre befördert und üble Nachrede ängstigt – niemanden außer Lügner und kranke Menschen. Wer ist ein guter Mensch? «Der da», so redet das Volk in der Stadt, «der die Beschlüsse des Rats, der Recht und Gesetz treulich beachtet, dessen Richterwort manche bedeutende Streitigkeit schlichtet, dessen Bürgschaft wie Gold gilt und der als Zeuge Prozesse entscheidet.» Aber die Nachbarn und die Familie wissen genau: Einen schlimmen Charakter hat dieser Mensch, unter glänzender Oberfläche verborgen.

Wenn mir ein Sklave sagt: «Ich habe weder gestohlen noch bin ich geflohen», dann antworte ich: «Zum Lohn dafür will ich dich heute – nicht peitschen.» «Ich habe keinen Menschen ermordet.» «Deshalb bleibt es dir auch erspart, am Kreuz zu hängen als Rabenfutter.» «Ich bin ein bescheidener, anständiger Mann.» – «Ach was!» sagt der Sabiner und wendet sich ab. «Selbst die Wölfe fürchten die Fallen, die Falken meiden die Schlingen und Raubfische haben Angst vor dem Haken: Dagegen ein wirklich guter Mensch haßt die Sünde aus Liebe zur Tugend. Du aber meidest das Laster nur, weil du die Strafe fürchtest. Hättest du Hoffnung, daß man dir nicht auf die Schliche käme, du würdest sogar die Götter bestehlen! Wenn du von tausend Scheffeln eine einzige Bohne stiehlst, dann ist mein Schaden gering, nicht aber dein Verbrechen.»

Und dieser Mensch, den die ganze Stadt achtet, dieser hochmoralische Mann – wenn er den Göttern Rind- und Schweinefleisch opfert, laut und vernehmlich «Apollo!» ruft und «Vater Ianus, erhöre mich!» singt, dann flüstert er heimlich und zischelt so leise, daß kein Mensch ihn hört, seine Gebete zur Göttin der Diebe: «Oh schöne Laverna, hilf mir betrügen, laß mich fromm und gerecht erscheinen, bedecke mit Nacht meine Sünden, mit Nebel meinen Betrug!»

Ich kann nicht erkennen, warum der Geizige, der sich an einer Straßenecke nach schmutzigen Münzen bückt, freier und besser sein soll als ein Sklave: Denn wer hofft, der fürchtet sich auch. Und wer sich fürchtet, ist niemals frei. Der hat schon die Waffen gestreckt, den Kampf um die Tugend verloren gegeben, der immer dem Geld hinterherläuft und sich verzehrt in Geschäften. Diesen Gefangenen solltest Du aber nicht töten, denn er kann Dir durchaus von Nutzen sein: Du kannst ihn verkaufen, er kann Dir als Sklave dienen in Feld und Furche, als Fernhandelskaufmann mag er im Winter die hohe See durchsegeln und so die Kornpreise drücken und Getreide nach Rom transportieren. Aber ein weiser und guter Mensch wird sich trauen zu sagen: «Pentheus, Herrscher in Theben, welche Schmach und Schande willst du mir auferlegen?» «Ich nehme dir alles, was du besitzt!» «Also mein Vieh, meinen Schmuck, mein Geld, meine Möbel, mein ganzes Vermögen? Nimm es!» «Ich laß dich an Händen und Füßen fesseln und übergebe dich meinem rauhesten Wächter!» «Gott persönlich wird mich befrein, wenn ich möchte.» Das soll wohl heißen: «Ich sterbe, wann immer ich will.» Das Ende des Rennens ist immer der Tod. Der Tod zieht den Schlußstrich.

## SIEBZEHNTER BRIEF: AN SCAEVA

Obwohl Du, Scaeva, Dir selber ein guter Ratgeber bist und weißt, wie man sich stellt mit den Großen des Tages, den Reichen und mächtigen Männern, bitte ich Dich: Höre, was Dir Dein unbedeutender, selbst der Belehrung nur allzu bedürftiger Freund empfiehlt; auch wenn es so aussieht, als ob Dir ein Blinder den Weg weisen wollte – dennoch sieh zu, ob Du nicht doch das eine oder das andre von dem, was ich sage, gebrauchen möchtest für Dich.

Wenn Dir die Ruhe lieb ist und Du schläfst gern bis spät in den Morgen, wenn Dich der Krach der Räder stört und der Dreck auf den Straßen, wenn Dich das große Halli und Hallo in den engen Kneipen geradezu schmerzt – zieh hinaus aufs Land, such Dir ein Haus in Ferenti. Nein, ein zufriedenes, glückliches Leben findet sich keineswegs nur bei den Oberen Tausend der Stadt, und der hat nicht schlecht gelebt, der unbemerkt auf die Welt kam und ebenso still von ihr schied. Wer aber seiner Familie ein wenig aufhelfen will und sich selber ein Ansehn verschaffen – der muß, so dürr und so beutelarm er auch ist, mit den dicken Säcken irgendwie ins Geschäft.

«Wenn Aristipp sich mit Lauch und Weißkohl zufrieden gäbe, dann müßte er nicht um die hohen Herren scharwenzeln.» So spricht Diogenes. «Wenn Diogenes wüßte, wie man sich hohe Herren zunutze macht, dann müßte er nicht von altem Weißkohl und stinkenden Zwiebeln furzen.» So antwortet Aristipp. Welcher von beiden hat Recht? Antworte nicht – hör mir zu. Du bist der Jüngere, ich will Dir sagen, warum ich die Haltung des Aristipp soviel gesünder finde.

Man erzählt, er habe den bissigen alten Diogenes folgendermaßen aufs Korn genommen: «Wir machen beide den Affen – du für das Volk, und ich zu eigenem Nutz und Frommen, was bei weitem vernünftiger ist und übrigens ehrenwert: Ich bin dem hohen Herren zu Diensten, er nährt mich und schenkt mir Pferde. Ich nutze ihm und er mir. Du ernährst dich von schäbigen Resten – und bist doch, auch wenn du sagst, daß du niemanden brauchst, auf Almosengeber angewiesen.» Aristipp war in jedem Sattel gerecht, er blieb derselbe, ob rot oder blau gekleidet, ob reich oder arm, ob zu Fuß oder hoch zu Roß, er hatte Großes im Sinn, und er gab sich dennoch zufrieden mit dem, was kam. Ob dagegen Diogenes, den seine große Bescheidenheit immer in Lumpen hüllte, plötzlichen Reichtum verkraftet hätte, das bezweifle ich sehr. Aristipp hat ja nicht voller Sehnsucht den Königsmantel erwartet, nein, er trug, was er hatte, und führte seine Person unbeschadet über die vornehmsten Straßen – äußerlich manchmal ein Prinz, manchmal beinahe ein Bettler. Diogenes hätte vermutlich feinen Stoff aus Milet mehr als Hunde und Schlangen verabscheut, er würde erfrieren, gäbst Du ihm nicht seine Lumpen zurück. Gib sie zurück – laß den Verrückten leben!

Kämpfe gewinnen, Feinde gefangennehmen und in Rom der jubelnden Menge vorführen – das ist der Himmel, das reicht an Jupiters Thron – irdischen Herrschern gefallen, ist auch kein geringer Lohn. «Nicht jedem ist es beschieden, Korinth zu erreichen.» Ja freilich, wer Angst vor dem Mißerfolg hat, bleibt gerne zu Hause. «Aber was ist mit dem, der es schafft? Der sich durchkämpft? Hat der wie ein Mann gehandelt?» Hier oder nirgends liegt unser Hund begraben! Der eine schreckt vor der Last zurück, weil seine

Schulter zu schmal und sein Mut zu gering ist, der andere schnappt sich den Rucksack, geht los – und kommt durch. Der wagemutige Mann hat den Preis und den Ruhm zu Recht, es sei denn, Tugend ist nichts als ein hohles Wort.

Wenn Du zum König kommst, schweige von Deiner Armut – dann wird man Dir reichlicher geben als dem, der immerzu fordert. Himmelweit ist der Unterschied – ob Du mit Anstand nimmst oder ein schamloser Greifer bist. Das ist der Kern der Dinge. «Meine Schwester ist ohne Mitgift, mein armes Mütterlein darbt, Teller und Teppiche haben wir schon verkauft – was sollen wir trinken? Was sollen wir essen?» Wer so vor dem König redet, der könnte genausogut sagen: «Rück schon raus mit den Talern!» Und gleich kommt der nächste und singt dasselbe Lied: «Ich möchte auch etwas haben!» Und was ist die Folge? Ganz einfach: Man teilt. Du kriegst nur die Hälfte. Hätte der Rabe beim Fressen geschwiegen, er hätte die ganze Beute für sich und keinen Streit und weniger Neid.

Wer als Gast eines hohen Herrn nach Brindisi oder ins schöne Sorrent fährt und immerzu klagt über Schlaglöcher, beißende Kälte und stürzende Regen, oder er jammert, weil man ihm Geld aus dem Koffer geklaut hat – der benimmt sich wie manche käufliche Dame, die tut, als habe man ihr den Armreif oder das Fußkettchen grade eben geraubt, und so vortreffliche Tränen weint – daß man ihr schließlich gar nicht mehr glaubt, auch wenn Trauer und Schmerz einmal zufällig echt sind. Wer ein Mal belogen wurde, kümmert sich nicht mehr um den Hanswurst von der Straßenecke mit den gebrochenen Beinen, mag er auch jammern und flennen und ägyptische Götter beschwören: «Glaubt mir doch! Es ist echt! Ihr Grausamen! Helft mir hoch!» «Nein», sagt der Nachbar grob, «frag einen, der dich nicht kennt!»

## ACHTZEHNTER BRIEF:
## AN LOLLIUS MAXIMUS

Wenn ich mich nicht in Dir täusche, Lollius, Freund, so hättest Du etwas dagegen, als Heuchler und Schmeichler zu gelten, da doch in Wahrheit für Dich nichts als die freieste Freundschaft zählt. Wie eine ehrbare Frau in Aussehen und Charakter sich abhebt von käuflichen Mädchen, so weit ist der Freund vom feuchten Schleicher entfernt. Es gibt aber auch den entgegengesetzten Fehler, der beinah noch übler als Schmeichelei ist: Bäurische Grobheit, vorsätzlich plump und ungeschlacht, sie empfiehlt sich durch Glatze und schwarze Zähne, verwechselt Freiheit mit schlechtem Benehmen und nennt das ganze dann echte, aufrechte, kernige Tugend.

Tugend ist aber dies: Die Mitte zwischen den Lastern halten. Der eine will immer gefallen, er kriecht den hohen Herrn hinterher, vom letzten Platz an der großen Tafel versucht er, Witze zu reißen, die Worte, welche der Reiche fallenläßt, sammelt er gierig auf, als wären es Perlen, wie ein Schuljunge seinem Lehrer plappert er alles nach, eines Schauspielers alberner Schatten. Der andere aber: Streitet sich gern um Worte und Nichtigkeiten, zum Beispiel, ob Wolle aus Fäden oder aus Garn besteht – da legt er die Rüstung an: «Sie glauben mir nicht? Das ist unerhört! Ich darf ja wohl noch meine Meinung sagen, und zwar so laut und so deutlich, wie es mir paßt. Wenn das nicht mehr wäre – dann wollte ich nicht ein zweites Mal leben!» Und worum geht es gerade? Nun: Ob Justus klüger als Marius ist. Ob man nach Brindisi besser über die Appia- oder Minucia-Straße fährt.

Ferner: Wen seine Liebschaften ruinieren oder das Würfelspiel, wer aus übermäßiger Liebe zu Schminke und feinen Stoffen unter die Räder gerät, wen der Geldhunger oder der Golddurst in den Ruin treibt oder die Schande der Armut zur Flucht – für solche Unglücksraben hat der erfolgreiche Mann – selbst nicht ärmer an Lastern, nur reicher an Glück – nichts als Verachtung übrig. Und wenn er ihn nicht verachtet, benimmt er sich wie ein Vormund und wünscht nach der Sitte fromm ergebener Mütter, der Arme möge klüger sein als er selbst, und er spricht, keineswegs ganz zu Unrecht: «Mein Reichtum bedeckt meine Dummheit. So ist das. Du wirst es nicht ändern, versuch es erst gar nicht. Du bist eben arm. Die Tugend trägt zu Recht einen dünnen Mantel: Sie kann sich auch nackt sehen lassen.»

Eutrapelos pflegte dem, dem er nachhaltig schaden wollte, teure und edle Kleidungsstücke zu schenken. «Oh, er wird glücklich sein und nicht nur den Körper mit schönen Tuniken schmücken, sondern zugleich seine Seele mit köstlichen Hoffnungen und den Blumengespinsten der Sehnsucht, er wird bis weit in den Tag hinein schlafen, er gibt seine alte ehrbare Arbeit auf und verschreibt sich fortan dem Geflatter der Nacht, und alle trinken und essen auf seine Rechnung – enden wird er als Zirkusnarr oder Obstkarrenschieber.»

Wenn Du einen reichen Gönner hast – steck Deine Nase niemals in seine Affären, und wenn Du zufällig doch ein Geheimnis erfährst – schweig wie ein Grab, auch wenn Du betrunken bist oder zornig. Lob Dich nicht selbst, mach nicht andere nieder, und, wenn Dein Gönner zum Jagen will, stoß ihn nicht vor den Kopf, sag nicht: «Ich hab keine Zeit, ich sitze gerade beim Verseschmieden.»

Zethus und Amphion waren Brüder, Zwillinge gar, aber in ihrem Charakter gründlich verschieden. Zethus ein Jäger, Amphion dichtete Lieder und sang zur Lyra, so schön, daß die Steine zu weinen begannen. Die Brüder aber wären in schrecklichen Zwist geraten, hätte sich Amphion nicht endlich gebeugt und hätte er nicht beiseite gelegt, was sein Bruder immer mit dunklem Argwohn betrachtete: nämlich die Lyra. So beuge auch Du Dich dem sehr viel milderen Wunsch Deines Gönners; wenn er mit Pferden und Stieren, mit Hunden und Netzen auf Jagd geht, steh auf, laß dieses alte Weib, Deine ernste, menschenfeindliche Muse allein, damit Du durch Mühe und Schweiß das gute Essen, das er Dir auftischt, verdienst. Das Jagen ist eine alte und fromme Sitte der römischen Männer, nützlich gleichermaßen für Ansehen, Ehre und männliche Kraft, vor allem da Du gesund bist, schnell wie ein Hund und stark wie ein Eber.

Gibt es denn etwas, das wichtiger wäre in Rom als dies: Die männlichen Waffen führen zu können? Du weißt doch, wie Dich der Jubel umbraust bei den Sportwettkämpfen im Stadion! Und Du warst schon als ganz junger Mann ein tapferer Krieger in Spanien unter Augustus, der jetzt auch die Parther besiegt hat und der, falls das römische Reich noch immer nicht groß genug ist, gewiß mit Waffengewalt hinzufügt, was fehlt. Und daß Du Dich niemals zurückziehst von Deinem Gönner und abwesend bist ohne triftigen Grund! Ich weiß, Du bemühst Dich, ein ernsthaft gemessener Mann zu sein – und doch: Gelegentlich fährst Du auch gern aufs Land, zum Gut Deines Vaters, und spielst dort mit Freunden die Seeschlacht bei Aktium nach; dann teilt Ihr die Kähne unter Euch auf, Du führst das eine, Dein Bruder das andere Heer, und als Meer muß der kleine See Euch dienen, und Ihr kämpft solange, bis einem von Euch die hastige Siegesgöttin den Lorbeerkranz auf den Kopf setzt – wenn Dein Gönner bemerkt, daß Du seine Vorlieben teilst, dann wird er auch umgekehrt Dir die Daumen drücken und applaudieren beim Schlachtspiel.

Und noch ein weiterer Rat, falls Du Ratschläge überhaupt brauchst: Sieh zu, was Du redest, mit wem und worüber! Wer Dich ausfragt, den meide; denn er ist ein Tratscher. Wem immer die Ohren offen sind, der hält auch den Mund nur selten geschlossen. Leicht ist ein Wort gesagt – und dann fliegt es dahin, und Du holst es nie wieder zurück.

Laß Dich nicht von den hübschen Mädchen oder den heiteren Knaben verführen im marmornen Haus Deines Gönners, es könnte Dir sonst geschehen, daß er Dir einen von ihnen schenkt; und das wäre ein allzu kleines Geschenk; oder er nimmt Dir den süßen Knecht wieder weg, das wird Dir genausowenig behagen.

Wen Du empfiehlst, den sieh Dir vorher wieder und wieder genauestens an, auf daß Du Dich nicht wegen fremder Sünden zu schämen brauchst. Man irrt sich so leicht und empfiehlt einen Menschen, der es nicht wert ist; also: Wer sich durch eigene Schuld in Schwierigkeit bringt, dem hilf nicht! Spar Deine Zeit und Kraft für den, den Du kennst und dem Du vertraust und den Gerücht und Verleumdung zu Unrecht beflecken; diesem steh bei! Denn wenn der Verleumder und Giftzahn Theonin Menschen in Deiner Nähe beißt, dann wird es nicht lange dauern, bis er auch Dich zu beißen versucht. Es geht auch um Dich, wenn das Haus Deines Nachbarn brennt! Und ein Funke, den man gewähren läßt, wird leicht zum rasenden Feuer.

Du siehst: Ein schwieriges Stück ist die Freundschaft mit hohen Herren – wer sie nicht kennt, der tritt ihnen gerne nah, doch der erfahrene Mann hält respektvollen Abstand.

Solang Du auf hoher See bist, sieh zu, daß nicht die Winde plötzlich wechseln und Dich und Dein Schiff wieder zum Ufer werfen. Ernste Menschen hassen alberne Leute. Der Pfiffige mag den Gesetzten nicht, der Gelassene nicht den quirligen, wirbelnden Wind. Wer beim Saufen nicht mittut, der zieht sich den Zorn der Zecher aufs Haupt, auch wenn er tausendmal sagt, er sei krank und werde von nächtlichen Fieberkrämpfen geschüttelt.

Laß Dir den Blick weder blenden noch trüben, verscheuche den Nebel vor Deinen Augen und sieh: Hinter der Düsternis eines verschlossenen Menschen verbirgt sich oftmals Bescheidenheit, und mancher, der bitter und bärbeißig wirkt, ist in Wahrheit nur schweigsam und still. Vor allem lies die Bücher der Philosophen, erforsche nach Kräften: Wie man sein Leben in ruhigem Fluß hält; ob immer und immer die Sucht und die Gier Dich verhexen und hetzen muß; oder das Bangen und Hoffen um Dinge von durchaus mittelmäßigem Nutzen; ob Charakter und Tugend die Frucht von Erziehung und Lehre sind oder Geschenk der Natur; wie Du Deine Sorgen verringern kannst; was Dich instand setzt, Dir selbst ein Freund zu sein; was Dich eher befriedigt: Ansehen, Ehre, Ruhm und ein hübsches Sümmchen im Hintergrund – oder ein abgeschiedener Weg, ein Leben im Stillen. Wenn mich das eisige Wasser der Digentia erfrischt hat – jenes Flüßchen, aus dem das Dorf Mandela trinkt, ganz runzlig vor Kälte – was glaubst Du, daß ich dann denke, mein Freund, was meinst Du, was ich dann bete? Ich bete so:

«Möge mir bleiben, was jetzt für mich da ist, oder auch etwas weniger, soviel wie ich brauche zum Leben, wenn denn die Götter wollen, daß ich noch lebe; einige Bücher, Weißkohl und Wein bis zur nächsten Ernte, und daß ich nicht immer wanke und schwanke aus Angst vor der

Ungewißheit der nächsten Stunde.» Aber es ist genug, von Jupiter das, was er gibt und nimmt, zu erbitten. Leben möge er geben, Nahrung möge er geben – das innere Gleichgewicht will ich mir selbst erschaffen.

## NEUNZEHNTER BRIEF: AN MAECENAS

Hochgelehrter Maecen! Gestehe: Auch Du teilst die Meinung des alten Cratinus: Daß nämlich Wassertrinker entweder schnellvergängliche, unerfreuliche oder gar keine Lyrik schreiben. Nicht nur die wilden Weiber und irren Faune, sondern vor allem die Dichter beten Dionysos an. Und wirklich: Schon morgens um neun riechen unsere römischen Dichter nach Wein. Homer sagt: Wein – oh himmlische Macht! Weißt Du, warum? Ganz einfach: Homer war ein Trinker! Auch Vater Ennius selbst hat keines, so sagen die zuverlässigen Quellen, keins seiner trompetenschmetternden Epen mit nüchternem Kopf gedichtet. Ohne Wein war sein Geist zu schüchtern. «Trockene Männer sind gut für Markt und Gericht, sie taugen als Händler und Richter, als Sänger taugen sie nicht!» Das habe ich selber vor einigen Jahren geschrieben. Seitdem, stets den Falerner im Krug, schreiben unsere Dichter bei Nacht und saufen bei Tag.

Wer in der Stadt mit nackten Füßen und bitterer Miene, ärmlich gekleidet, nach dem äußeren Schein ein Cato umhergeht – meinst Du, er hat mit dem Aussehen auch den Charakter des Cato erlangt? Du weißt, wie sehr sich Timago verzehrt hat, ein Redner zu werden, klug und zungengewandt wie der Anwalt Iabita – und wirklich: Timago hat keine Mühe gescheut, er hat sich die Lippen verdreht und verrenkt und am Ende doch nur – die Zunge gebrochen. Vorbilder, deren Laster schneller als ihre Tugenden lernbar sind, schade. Kümmeltee gibt dem Gesicht bekanntlich eine gewisse vornehme Blässe. Nun, als ich neulich durch Rom ging, war ich durch Zufall ein wenig bleich um die Nase – und meine dümmlichen Nachahmer stürzten sich gleich ins Marktgewimmel und kauften sich Kümmel. Nachahmer! Sklavenvieh! Gütige Götter! Wie oft habt ihr mich zur Weißglut getrieben – und manchmal auch lachen gemacht.

Als ich anfing zu schreiben, betrat ich ein leeres Land. Allein, wie ich war, trat ich niemandem auf die Füße. Nur, wer sich selbst vertraut, wird in der großen Horde König. Die Menge glaubt nur dem, der an sich selber glaubt. Vor mir hat niemand auf Latein Parische Jamben geschrieben. Versmaß und Rhythmus hielt ich so rein wie nur möglich, ganz wie Archilochus, aber, anders als er, ließ ich mich nie zu Hetztiraden und Zoten verleiten. Ich bitte Euch also: Macht mir meine schwerverdiente Dichter-Krone nicht zu klein, weil ich altbewährte Maße nicht zu ändern wagte. Auch Sappho hielt ganz auf die strengen, uralten Metren. Genauso Alkäus: Er bewahrte das Versmaß, hielt fest an Betonung und Silbenzahl, und änderte nur die Themen. Er liebte vor allem das Zarte, anstatt wie der alte Archilochus Kübel von Schimpfwörtern auszuleeren über Schwiegermütter und untreue Mädchen. Ich war es, der Alkäus für Rom entdeckte, niemand kannte ihn, als ich begann, in seiner Art Gedichte zu schreiben. Das freut mich.

Und noch etwas freut mich: Daß es die freiesten Augen sind, die mich lesen, und daß es die besten Hände sind, die meine Bücher halten. Weißt Du, warum so manche der blasseren Leser mich heimlich lieben und öffentlich hassen? Ich will es Dir sagen: Weil ich nicht bei Nacht und bei

Tag um die Gunst des breitesten Publikums jage und keine Bestechungspräsente verschenke, weder häßliche Togen noch Wein oder Wurst. Ich nehme mir nämlich das Recht heraus, nur mit den Fürsten des Geistes Umgang zu pflegen, andere lasse ich nicht in mein Haus. Schon gar nicht die häßlichen Nasen und Ohren von Richtern der Kunst und Literaturprofessoren.

Daher die Tränen! Mir wäre es peinlich, vor wenig gebildeten Leuten mich aufzublasen in engen und schlecht belüfteten Räumen und Unsinn zu reden. So etwas sage ich aber nur heimlich, sonst heißt es sofort: «Du spendest den Honigseim deiner Lyrik wahrscheinlich nur Gott allein, hochmütiger Mensch!» Ja! Dazu fiele mir einiges ein! Doch behalt ich das lieber für mich. Man würde mich sonst wie ein Huhn in der Küche in zwanzig Einzelteile zerlegen. So schreibe ich also, halb feige und halb verwegen, einen höflichen Absagebrief: «Ich käme wirklich von Herzen gern zur Dichterlesung, doch ich muß an dem Tag verreisen.» Den Spott und den Spaß darf man nicht übertreiben, sonst wird daraus bitterer Ernst und wilder Haß, und Haß erzeugt Feindschaft und Feindschaft Krieg.

## ZWANZIGSTER BRIEF: AN MEIN BUCH

Frei bist Du nun, und Du hast, wie mir scheint, Deinen Blick auf die Götter des Marktes gelenkt; ich sehe Dich vor mir: Hübsch von den Händen der Händler herausgeputzt, stehst Du da und bietest Dich an. Schlüssel und Siegel sind Dir ein Greuel und alles, was der klugen Zurückhaltung dient und anständigen Menschen wert ist und teuer. Seufzen höre ich Dich, wenn wenige Dich begehren; wenn aber alle sich auf Dich stürzen, dann wirst Du jubeln. – Anders, meine ich, hatte ich Dich erzogen, anderes habe ich Dich gelehrt: Da Du Dich aber durchaus hinabstürzen willst, so flieh denn! Die Stufen hinab aus dem Haus! Niemals nehme ich Dich zurück!

«Ach! Ich elender Dummkopf! Warum habe ich das getan?» – so wirst Du reden, wenn es Dir schlecht geht, wenn Dich Dein Freier schlägt und in den dunkelsten Winkel stößt, weil er Dich satt hat. Ich bin zornig auf Dich – und wenn mich mein Zorn nicht blind macht, dann wirst Du der Liebling in Rom sein – so lange Du jung bist. Später greifen Dich dann die schmierigen Pfoten des Pöbels ab, oder Du nährst schweigend die nutzlosen Motten, oder Du fliehst, geschnürt und gebündelt, nach Spanien oder Karthago. Dann werde ich lachen, ich – ach, was habe ich Dir gepredigt, und immer stieß ich auf taube Ohren – mein Gelächter aber wird gallig sein, wie das Gelächter des Mannes, der im Zorn seinen ungehorsamen Esel den Berg hinab in die Schlucht stieß.

Wer aber gibt sich schon ab mit einem, der das, was ihm nützt, ganz einfach nicht will? Und endlich, wenn Du ein brabbelndes Wrack bist, bleibt Dir vielleicht noch dies: Daß ein Dorfschullehrer Dich zur Hilfe nimmt, um den Bauernkindern Schreiben beizubringen. Sollte aber die Sonne des Glücks Dir leuchten, und es findet sich, daß doch der eine oder andere Dich liebt: Vergiß mich nicht ganz. Sag den Lesern, daß mein Vater Sklave war und später freigelassen wurde, daß ich aufwuchs in sehr einfachen Verhältnissen, daß ich aber meine Schwingen bald schon spreizte weit über das Nest; daß ich nicht durch Herkunft, aber durch Charakter vornehm und von gutem Adel war; daß ich in Krieg und Frieden die Gunst der Ersten in Rom genoß; daß ich klein war und dick und früh ergraute; daß ich die Sonne geliebt habe, jähzornig war und leicht zu versöhnen. Wenn man Dich nach meinem Alter fragt, so sage: Vierundvierzig Dezember habe ich gesehen in dem Jahr, als Lepidus erst und dann Lollius Konsul in Rom war.

# DIE BRIEFE DES HORAZ

## ZWEITES BUCH

## ERSTER BRIEF: AN AUGUSTUS CAESAR

Auf Deinen Schultern liegen so mächtige Lasten, und fast alles trägst Du allein. Unser Italien – Du schirmst es mit Waffen, läßt es erblühen in neuem Geist, und mit guten Gesetzen baust Du es auf – Sünde gegen das Wohl des Staates wäre es da, wenn ich mit langen Reden Deine kostbare Zeit vergeuden wollte, mein Kaiser! Romulus, Vater Liber und Castor und Pollux wurden erst spät, lange nachdem das große Werk ihres Lebens getan war, aufgenommen ins himmlische Haus der unsterblichen Götter. Aber zuvor, während sie lebten und ihre Arbeit taten, schätzte das Volk sie wenig. Sie machten die Erde fruchtbar, sie machten die Menschen zu wirklichen Menschen, schlichteten schreckliche Kriege, zogen gerechte Grenzen und gründeten Städte – und oftmals vergossen sie Tränen, weil das römische Volk sie nicht ehrte. Der die gräßliche Hydra zermalmte und andere weltberühmte Ungeheuer erschlug, mußte schließlich erkennen: Solange er lebte, blieb er ein Opfer des Neids.

Nur der Tod überwindet den Neid. Der Glanz und die Strahlen der Sonne verdüstern die kleineren Lichter; das strafen sie dann an der Sonne mit Neid. Oft liebt das Volk einen großen Menschen erst dann, wenn er tot ist. Bei Dir ist es anders: Wir ehren Dich hier und jetzt, da Du lebst, wir bauen Altäre, an denen wir beten und bei Deinem heiligen Namen beschwören: Niemals lebte ein größerer Herrscher als Du, und es wird auch in Zukunft nie einen größeren geben.

So gut und gerecht aber auch das Volk daran tut, Dich allen bisherigen Führern, Griechen und Römern, voranzustellen – so wenig Sinn und Verstand zeigt das Urteil des Volkes in anderen Dingen: Ein fanatischer Freund alles Alten schätzt es nur das, was weit entfernt von uns liegt oder längst Vergangenheit ist und glaubt sogar allen Ernstes, unser Zwölftafelgesetz, der Königsvertrag mit den Gabiern und den hartköpfigen Sabinern, die Bücher der Priester und die Orakelsprüche der Seher – das alles habe einstmals auf dem Albanerberg eine leibhaftig vom Himmel herangereiste Göttin verkündet! Ich will nicht bestreiten, daß von den Büchern der Griechen die ältesten gleichzeitig auch die besten sind – aber muß das auch für uns Römer gelten? Wenn ja: Dann habe ich nichts mehr zu sagen, die Olive hat keinen Kern und die Nuß keine Schale, wir sind auf dem Gipfel des Glücks, und wir malen und singen und kämpfen besser als alle gesalbten Griechen zusammen.

Wenn ein Gedicht wie der Wein besser wird mit dem Alter, dann möchte ich wissen: Wieviele Jahre muß ein Gedicht auf dem Buckel haben, damit wir es füglich preisen dürfen? Wenn der Verfasser vor hundert Jahren ins Grab sank – sind seine Dichtungen alt genug und vollkommen – oder neu und belanglos? Mit klaren Grenzen vermeidet man Streit – sagen wir also: Hundert Jahre, von heute an rückwärts gerechnet, sei alt und gut! Was denn? Wer ein paar Tage oder vielleicht einen Monat zu spät ins Gras biß – was machen wir nun mit dem? Gehört er noch zu den Alten oder rechnet er unter die Jungen, die unser und aller Zukünftigen Urteil zu Recht bespuckt? «Ich bin nicht kleinlich – ich streite mich nicht um Wochen und nicht um ein einzelnes Jahr.» Gut denn also: Mit Deiner Erlaubnis nehme ich, wie man vom Schwanz des Pferdes die Haare auszupft, ein Jahr nach dem anderen weg; und schon gedenkst Du der alten Frage: Wieviele Körner kann man vom Kornhaufen wegtun, bis der Haufen kein Haufen mehr ist? Da muß sich doch wohl geschlagen geben, wer den Wert einer Sache nach Jahren bemißt und niemanden gelten läßt als nur den, der seit langem schon in der Grube liegt mit Hilfe der tuskischen dunkelgeflügelten Libitina.

So redet man also mit Kennermiene von längst verstorbenen Dichtern: Ennius, sagt man, sei kraftvoll und klug, ein zweiter Homer; und er sorgte sich nicht, ob seine pythagoreischen Träume Wirklichkeit würden; Naevius: lebt seine Dichtung nicht, atmet sie nicht, als wäre die Tinte erst gestern getrocknet? Und dann die Vergleiche: Pacuvius sei, so heißt es, der Mann des gelehrten Worts, Accius aber der Meister des hohen Stils, man behauptet, Afranus paßten Menanders riesige Schuhe, Plautus dagegen plaudere leicht und perlend wie Epicharm, Caecilius stehe für Tiefsinn, Terenz hinwieder für fein geschliffenen Satzbau. Das soll nun Italiens Zierde sein: Alle seit einhundert Jahren tot! Das mächtige Rom! Es brabbelt verstaubte Verse – und drängt und drückt sich in vollgestopften Theatern, um steinalten Stücken zu applaudieren.

Manchmal trifft die Meinung des Volkes das Rechte; aber es kommt auch vor, daß sie fehlgeht. Wenn es die alten Dichter so über die Maßen hochhält, daß angeblich nichts ihnen gleichkommt und niemand sie übertrifft – so irrt sich das Volk. Glaubt es jedoch, die Alten schrieben nicht selten allzu antik, oft auch ungelenkig und steif und saftlos – dann bin ich auf seiner Seite, dann urteilt es klug und Jupiter lacht zufrieden. Nicht, daß man alles, was alt ist, verbrennen sollte – wie viele Verse des Livius habe ich aufgesagt in der Schule, Du, Orbilius, weißt es am besten,

Du, mein Lateinlehrer, Prügelfreudiger Du! Aber daß nun alles Alte tadellos schön und fast schon vollendet sein soll – das wundert mich doch. Wenn sich hier und da in ein Gedichtbuch leuchtende Worte schleichen, da und dort ein zierlich gebauter Vers den Leser entzückt – so tut doch der Buchhändler unrecht, das ganze Buch als gelungenes Werk anzupreisen.

Ich mag es nicht, wenn man, was immer es sei, zurückweist, nicht weil es schlecht und kunstlos gearbeitet, sondern weil es zu neu ist, und wenn man den Alten Lob und Preis anstatt der verdienten Nachsicht spendet. Würde ich nur den geringsten Zweifel anmelden, ob Attas Werke zu Recht als Blumen des römischen Sprechtheaters berühmt sind – oh, ich höre schon jetzt das Geschrei der Minister und Senatoren: «Vor nichts hat heute die schamlose Jugend Achtung! Wie wagt dieser Mensch, ein Stück in die Gosse zu zerren, in dem die würdigsten Schauspieler unsres Jahrhunderts glänzten, Roscius, Äsop!» Ich glaube, die Herren lassen nichts gelten, außer, was ihnen gefällt, und ein Greis findet alles abscheulich, was er nicht schon als bartloser Knabe geliebt hat.

Wer Numas Salierlied in den Himmel lobt und so tut, als sei er der einzige, der es versteht (und weiß doch genausowenig wie ich, was die dunklen Worte bedeuten), der huldigt in Wahrheit nicht den alten begrabenen Geistern, sondern bekämpft das Neue, er ist bleich vor Neid und haßt uns von Herzen. Übrigens: Hätten die Griechen zu ihrer Zeit das Neue genauso verabscheut – was gäbe es heute an Altem? Was hätten wir, um es Stück für Stück studieren und daran lernen zu können? Als sie die großen Kriege hinter sich hatten, als das günstige Glück ihnen endlich erlaubte, dem Laster anheimzufallen, da waren die Griechen Feuer und Flamme einmal für Pferde, dann für

Diskuswerfer und Läufer, einmal feierten sie ihre Künstler, marmorne Statuen, Bronzefiguren und Elfenbeinreliefs, dann hingen sie wieder mit Auge und Seele an bunten Bildern, oder sie liebten die Flötenbläser und beteten schon am nächsten Tag ihre Schauspieler an aus tiefstem Herzen; Griechenland spielte, wie ein kleines Mädchen zu Füßen der Kinderfrau: Was es soeben erbettelt hat unter Tränen, läßt es, satt und überdrüssig, nach wenigen Augenblicken gelangweilt liegen.

Glaubst Du, daß irgend etwas von dem, das uns entflammt oder abstößt, unveränderlich ist? Nun, was die guten Lüfte des Friedens den Griechen brachten, habe ich Dir gesagt. In Rom war es lange Zeit eine würdige, liebe Gewohnheit, morgens beizeiten die Tür seines Hauses zu öffnen und einfachen Leuten der Nachbarschaft Rechtsrat zu leihen, sein Geld nur mit großer Vorsicht und Umsicht auszugeben, den Älteren hörte man zu und den Jüngeren zeigte man, wie man Vermögen mehrt und Gefühlsaufwallungen mindert. Diese frommen Gewohnheiten nun hat das Volk gründlich geändert und es entbrennen jetzt alle im Wunsch zu schreiben. Ob Greis oder Knabe – alles sitzt heute mit lorbeerbekränztem Haupt bei Tisch und diktiert Gedichte, auch ich. Ich hatte mir einst geschworen, nie wieder Verse zu machen – und ehe der nächste Morgen anbrach, schrie ich nach Feder, Tinte, Papier und fing wieder an zu dichten. Wer nichts von Schiffen versteht, der hütet sich wohl, ein Schiff zu lenken; niemand außer dem Apotheker wagt es, heilsame Säfte zu mischen; die Ärzte verarzten, es schmiedet der Schmied – aber Gedichte schreiben wir alle, gleichgültig ob wir gelernt haben, wie man das macht, oder nicht – oh milder Irrgang des Geistes, oh liebenswürdiger Wahn!

Sehen wir zu, ob nicht auch etwas Gutes daran ist. Selten wird die Seele des Dichters von Habsucht geplagt; er brennt für die Dichtung, er kennt kein anderes Feuer. Geschäftsverluste, entlaufene Sklaven, ein Brand im Dach – darüber lacht er. Er haut auch niemanden übers Ohr, weder Partner noch Mündel, und ernährt sich von Linsensuppe und Brot. Es ist wahr: Er ist ein ungeschickter und schlechter Soldat, und dennoch ist er dem Staat zunutze, wenn es denn stimmt, daß auch Großes kleine Beiträge braucht. Der Dichter formt das rührende Brabbeln des Kinds zur Sprache, entwöhnt dann das Ohr des Knaben von häßlichen, ungehörigen Reden und formt den Charakter des jungen Mannes mit ernstem und freundlichem Rat – Arznei gegen Grausamkeit, Neid und Zorn. Der Dichter erzählt: Von guten Taten, vorbildlichen Menschen, ein Tröster ist er für Arme und Kranke. Woher denn nähme der Reigen der Mädchen und frommen Männer sein Chorgebet – hätte die Muse nicht der Welt den Dichter geschenkt? Der Chor fleht um Hilfe und fühlt den Hauch der göttlichen Macht, er singt mit den Liedern des Dichters beim Himmel um Regen, Krankheiten wendet er ab und Gefahren vertreibt er, Frieden und reiche Ernte erwirkt der Chor bei den Göttern für uns – denn alle Götter lieben Gesang und Gedicht, die Götter des Himmels so gut wie die Herren der unteren Welt.

Die Bauern der alten Zeit, kräftige Kerle, in Einfalt und Armut glücklich – erst wenn das Korn in der Scheune war, erhoben sie Körper und Geist, der vieles erträgt, wenn ein Ende der Mühsal in Sicht ist. Also feierten sie mit allen Genossen der Arbeit, mit Frauen und Kindern und brachten dem Erdgott ein Schwein, der Waldgöttin Milch, dem Genius aber, dem Geist der Kürze des Lebens, Blumen und Wein und stimmten in groben Wechselgesängen

Schimpf- und Spottlieder an. Das war der Anfang der Fescenninen, der Anfang des Festes, an dem die verbotenen Lieder erlaubt sind. Und durch Jahrhunderte machten die Bauern von dieser Erlaubnis Gebrauch, mit der schlichten Anmut der Unschuld. Später dann wurden die Späße gemein und roh und wild bis zur Raserei, Bosheit brach in Häuser ehrlicher Leute, und wen die Verleumdung biß, der schrie vor Schmerz. Aber es sorgte sich auch, wer verschont blieb, denn niemand wußte, wen es als nächsten traf. Und man gab ein Gesetz und verbot bei Strafe, Verleumdungslieder zu dichten; da mäßigten sich die Dichter, aus Furcht vor der Peitsche, und sie kehrten zum Wohlklang von Wort und Gedanke zurück.

Dann kamen die Griechen nach Rom, mit den Waffen des Kriegs besiegten wir sie, und doch unterwarfen sie uns italienische Bauern: Mit den Waffen der Kunst und des Geistes. Die Tage des altitalischen Klumpverses waren jetzt endlich gezählt, die Gedichte rochen nun nicht mehr so deutlich nach Hof und nach Stall, obwohl der eine und andere Dichter bis heute die uralten ländlichen Pfade betrampelt. Spät erst warfen wir unseren Scharfsinn auf griechische Bücher, und erst in der windstillen Zeit nach den Punischen Kriegen fingen wir Römer an, uns zu fragen, ob uns Sophokles, Thespis und Aischylos irgendwie nützlich sein könnten. Man versuchte, Tragödien und Gedichte aus dem Griechischen in Latein zu bringen – und man entschied, der Versuch sei vortrefflich gelungen. Man war zufrieden mit sich: Und wirklich, es fehlt uns Lateinern von Natur aus weder an großen Gefühlen noch an schneidend scharfem Verstand, wir haben Gespür für Tragik, wir wagen gern und gewinnen oft – nur die Feile lieben wir nicht in die Hand zu nehmen, wir bessern nicht gerne nach, wir sind nicht geduldig.

Man glaubt, Komödienschreiben koste keine besondere Mühe, es sei ein lustig-leichtes Geschäft, weil man den Stoff der Mitte des Lebens entnimmt. In Wahrheit steckt harte Arbeit darin. Das Publikum ist empfindlich; es merkt sofort, wenn die Witze lahmen; gerade das Leichte ist schwer. Sieh Dir die Stücke von Plautus an, zum Beispiel die Rolle des jungen Verliebten, oder des geizigen Alten, des niederträchtigen Kupplers – wie nachlässig und wie plump! Als hätte Dossenus, der Vielfraß, der immer in riesigen Socken einherschlurft, diese Theaterstücke geschrieben. Plautus ging es ums Geld; wenn er das in der Tasche hatte, war ihm das ganze Theater egal.

Ach, wen der windige Wagen des Ruhms auf die große Bühne gerollt hat: Wenn das Publikum ausbleibt, dann stirbt er. Strömt es aber in Mengen herbei, dann bläst er sich auf. Leicht wie Luft ist das, was ruhmbegierige Menschen umbringt oder wieder zum Leben erweckt. Wenn die Gewährung der Ruhmespalme mich fett macht, ihre Verweigerung aber zum Totengerippe, dann sag ich: Theater ade! Auch den mutigsten Dichter erschreckt und stößt ab, was die zahlreiche, aber an Tugend und Ehre so arme Masse, albern, ungebildet, immer zu Prügelei und Radau bereit, vom Theater erwartet: Mitten im Stück, in den köstlichsten Wechselgesängen, grölt das Pack nach Boxern und tanzenden Bären. Leider ist auch schon bei manchem Herrn aus gebildeten Kreisen die Sinneslust von den Ohren fort und hin zu den ewig schweifenden Augen gewandert – hohle, taube Genüsse.

Bis zu vier Stunden und mehr dauern solche Stücke, Reiterscharen und Schwärme von Fußsoldaten überfluten die Bühne, gefesselte Könige schleift man von links nach rechts, Räderkarren, Streitwagen, Pferdekaleschen tosen, sogar Schiffsschnäbel rollen vorüber, gestohlenes Erz und

Elfenbein aus Korinth – wandelte Demokrit noch auf
Erden und sähe, wie sich das Publikum biegt und verrenkt
vor Entzücken, wenn ein Kamel, als Panther verkleidet, die
Bühne betritt, oder ein Elefant ganz in Weiß – er würde die
Leute genauer betrachten als das Theaterstück: Sie bieten
das interessantere Schauspiel. Die Dichter, würde er denken, reden für taube Esel – denn welche Stimme würde
es schaffen, den Krach in unsern Theatern zu übertönen?
Ein Sturm im Garganischen Wald, ein Orkan am Tyrrhenischen Meer braust weniger laut als das Volk von Rom
im Theater. Und wenn der Schauspieler, dick geschminkt
und behängt mit Stoffen und Schmuck von allen Enden
der Welt, die Szene betritt und mit den Armen zu fuch-
teln beginnt, dann geht es erst richtig los: Applaus! «Hat er
schon was gesagt?» «Nein, noch nichts!» «Warum klatscht
Ihr dann wie verrückt?» «Sein veilchenfarbener Mantel!
Reine Tarentwolle! Siehst Du nicht, wie wundervoll sie
gefärbt ist?»

Du denkst jetzt vielleicht, ich mache die Schreiber der
Dramen und Lustspiele schlecht, weil ich selbst noch nie
ein Theaterstück schrieb und es womöglich nicht kann?
Aber das stimmt nicht. Für mich ist ein wirklicher Dichter,
ein Hochseiltänzer der Sprache, wer mit nichts als Worten
die Herzen verengt und erweitert, bedrängt und erheitert,
umspielt und umschmeichelt und wieder erschreckt, ganz
wie er möchte, so wie ein Zauberer, der mich jetzt nach
Athen und gleich nach Theben versetzt. Für diese Dichter
möchte ich werben, die dem stillen Leser vertrauen und
denen die übermütige Menge Grauen erregt. Ihnen wende
ein wenig Dich zu, wenn Du die Bibliothek des Gottes der
Künste füllen und die Dichter bewegen willst, mit frische-
rem Ernst den grünenden Helikon zu erreichen. Ich weiß,
wir Poeten schaden uns oftmals selbst, wir werfen, wie es

im Sprichwort heißt, Steine in unseren eigenen Weinberg; sei es, daß wir Dir unsere Bücher bringen, wenn Du gerade beschäftigt bist oder ermüdet; sei es, daß wir beleidigt sind, weil ein Freund es gewagt hat, einen unserer Verse nicht zu loben; oder wir rezitieren unaufgefordert mehrfach dieselbe Stelle; oder wir klagen, weil niemand erkennt, wieviel Mühe wir wenden auf jedes Wort und wie fein wir die Sätze verweben müssen, damit ein Gedicht entsteht; ebenso, wenn wir uns ausmalen, wie es wohl wäre, wenn Du, Augustus, Kaiser, erführest, daß wir Gedichte schreiben, und Du würdest uns rufen lassen und Geld für ein sorgloses Auskommen geben und uns zwingen, weiter zu schreiben … ! Ach!

Es ist schon der Mühe wert, darauf achtzugeben, welcher Art Männer Du Deinen Kriegs- und Friedensruhm loben läßt, auf keinen Fall darfst Du den erstbesten Dichter nehmen. Alexander der Große hielt viel von jenem Choerilus, der ein Vermögen erwarb mit ungepflegten und holprigen Versen. Aber so wie die mit Tinte bekleckerten Finger kaum wieder sauber werden, so verdirbt auch ein schlechter Schreiber die schönsten Taten.

Man stelle sich vor: Derselbe König, der für teures Geld die schlechtesten Verse kaufte, Alexander, erließ ein Gesetz, daß niemand außer Apelles ihn malen durfte und keinem außer Lysipp das Antlitz des Königs in Bronze zu gießen erlaubt war. Wie sehr wir also Kunstverstand und Geschmack Alexanders in Sachen der bildenden Künste verehren, so werden wir doch gestehen: Für die Wortkunst war er so blind wie ein Maulwurf im dicken böotischen Nebel.

Bei Dir ist das anders, Augustus, Du hast Dir Varius und Vergil als Hofpoeten erwählt; das ehrt und ziert Deinen Kunstsinn genau wie die reichen Geschenke, mit denen

Du diese großen Dichter bedenkst. Eine Büste aus Bronze bewahrt die Züge Deines Gesichts nicht zuverlässiger auf als die Dichtung Charakter, Leben und Werk eines Menschen.

Auch ich würde lieber, anstatt meine Sätze am Boden kriechen zu sehen, Bücher voll großer Ereignisse schaffen, Landschaften malen und Flüsse besingen und auf Bergen thronende Burgen, fremde und ferne Reiche – und wie Du die endgültig letzte Schlacht schlugst, die Parther sogar in Ehrfurcht vor unserer Stadt ihre Waffen streckten, Ende der Kriege und Anfang des ewigen Friedens! – wenn ich nur, was ich so gerne will, auch vermöchte! Aber Deine Würde könnte doch an meinem kargen Lied kein Genüge haben, und, was mich betrifft, so müßte ich mich schämen, eine Last zu schultern, die zu tragen meine Kraft sich weigert. Wer ungeschickt und übereifrig ehrt, der quält in Wahrheit, vor allem, wenn er allzu ausgezählte Verse schmiedet. Das Lächerliche prägt sich leichter ein, man ruft es auch mit mehr Behagen in die Erinnerung zurück als das, was wohlgeraten war und was gefiel.

Ich ahne, was Du mir zur Antwort sagen wirst: «Nein, ich vergeude meine Zeit nicht mit Entgegennahme grober Schmeicheleien, ich will nicht als mißglückte Wachsfigur mit Zügen, die nicht meine sind, herumgetragen werden, man soll mich nicht in schlechtgebauten Versen feiern – erröten müßte ich, wenn ich zusammen mit dem Dichter zum Trödelmarkt gebracht und zwischen Räucherstäbchen, Pfeffer und Riechöl feilgeboten würde, in altes Papier gewickelt.»

## ZWEITER BRIEF: AN JULIUS FLORUS

Florus, getreuer Freund unseres guten und sehr zu Recht
berühmten Tiberius Nero – wenn jemand Dir einen Sklaven zum Kauf anbietet, sagen wir: einen, der hier aus
der Nähe, aus Gabii oder aus Tivoli stammt – und dieser
jemand, ein Sklavenhändler, versucht Dich mit folgenden
Worten zu überzeugen: «Sieh dir den Knaben an. Hell-
häutig ist er, schön vom Scheitel zur Sohle. Willst du ihn
haben? Er kostet nicht mehr als siebentausend Sesterzen.
Geboren und aufgewachsen ist er in meinem Haus, ich
habe ihn gut erzogen, er folgt mir aufs Wort, er kennt
die griechische Literatur, und auch sonst ist der Junge
geschickt zu jedem Geschäft; du kannst ihn formen wie
feuchten Ton, er ist bildsam nach deinem Belieben. Ein
ausgebildeter Sänger – nein, das will ich nicht behaupten,
aber er hat eine hübsche Stimme und weiß eine Menge
Lieder, für Trinkgelage gerade das Rechte. Es gibt Händler,
die, weil sie Ware losschlagen müssen, das Blaue vom Himmel lügen – und deshalb glaubt ihnen niemand. Nicht so
bei mir! Ich verkaufe nur, weil ich will, und nicht, weil ich
muß. Ich bin zwar nicht reich, aber mir fehlt es an nichts.
Keiner wird dir ein Angebot machen wie dieses – ein reines
Freundschaftsgeschäft. Zugegeben: Der Bursche hat einen
kleinen Mangel: Er liebt die Freiheit, und einmal ist er tat-
sächlich abgehauen – er kam bis zur Eingangstreppe, da
hatte er sich versteckt, aus Angst vor der Peitsche.»

So also spricht der Händler. Und Du? Lehnst Du ab?
Greifst Du zu? Ich denke: Du wirst die kleine Summe

erlegen, es sei denn, Dich schreckt die Gefahr, Dein hübscher Einkauf könnte sich auf seine Freiheitsliebe besinnen und Dir entwischen. Ist aber erst der Vertrag geschlossen, so hat der Verkäufer selbst dann nichts zu fürchten, wenn später der Sklave wirklich weglaufen sollte. Er wußte ja, was auf ihn zukam, der Händler hat nichts verschwiegen. Du hast ein mängelbehaftetes Gut zu kleinem Preis erworben. Du müßtest einen Prozeß auf Schadenersatz, wenn es mit rechten Dingen zugeht, verlieren.

Und nun zu uns beiden, Freund Florus: Habe ich nicht, als Du abgereist bist, gesagt, daß ich schreibfaul, ja daß ich in allem, was Zuverlässigkeit fordert, nachgerade ein Krüppel bin? Warum wohl habe ich das gesagt? Nun: Weil es wahr ist, und weil ich nicht wollte, daß Du mir fluchst, wenn kein Brief von mir kommt. Aber mein Wort hat Dein Ohr, wie es scheint, nicht gefunden, Du zankst und haderst mit mir und beschwerst Dich – zu Unrecht. Du nennst mich sogar einen Lügner, weil ich Dir nicht die erwarteten Lieder schrieb.

Ein Soldat des Lucull hatte nach und nach unter saurem Schweiß eine ganz erkleckliche Summe Geldes erworben, und er führte sie immer mit sich, bis man ihm einmal bei Nacht, als er schnarchte, den Geldgürtel stahl. Nun war sein ganzes Vermögen dahin, bis auf den letzten Heller. Da packt den Soldaten die Wut, auf sich selbst und den Feind, und er wird zum Wolf mit reißenden Zähnen und reibt, wie man hört, ganz allein eine gut gesicherte, reich mit Schätzen bestückte Stellung des Feindes auf. Dieser Handstreich machte den Menschen berühmt, man verlieh ihm Orden und schenkte ihm Geld, über zwanzigtausend Sesterzen. Und wie es der Zufall fügte, wollte kurze Zeit später ein General ich weiß nicht mehr welches Fort des Feindes erobern; er ließ den bewußten Soldaten rufen und

versuchte ihn anzustacheln, mit Worten, die selbst einen
Feigling entflammt haben würden: «Auf in den Kampf,
mein Guter! Auf! Wohin dich die Tapferkeit ruft! Der Sieg
ist dir sicher, der Lohn gewaltig! Du zögerst? Du stehst?
Du wartest?» Und der Soldat, ein schlauer Bursche, antwortet: «Ja, er wird gehn, er wird sogar laufen, er rennt in
den Kampf – der Soldat, der kein Geld hat.»

Rom ernährte mich, Rom erzog mich – und also las ich
Homer, und weiß, wie schädlich der Zorn des Achill für
die Griechen war. Später dann ging ich selbst nach Athen
und verfeinerte meine Bildung, ich lernte den rechten vom
krummen Weg unterscheiden und suchte nach Wahrheit
im schattigen Park der Akademie. Die harten Zeiten des
Bürgerkriegs zogen mich fort aus Athen und machten
mich Unsoldaten zum Offizier; der Kaiser Augustus war
stärker als wir, und nach der Schlacht bei Philippi endete
meine Zeit im Feld. Wie ein Vogel, dem man die Flügel
gestutzt hat, saß ich jetzt da, am Boden zerstört, ohne
Habe und Haus. Was sollte ich tun? Die Armut zwang
mich zur Kühnheit; ich schrieb Gedichte. Aber jetzt, da
ich alles habe und nichts mir fehlt – ich müßte von schwa-
chem Verstand sein, wenn ich nicht hundert Mal lieber
schliefe als Verse zu schmieden.

Die Jahre, mein Lieber, die Jahre im rollenden Laufe
stehlen uns Stück für Stück, was uns lieb ist und teuer: die
Lust und die Liebe, die Freuden der Tafel und die Freuden
des Spiels – und mir das Vergnügen des Dichtens. Was soll
ich denn tun? Was meinst Du? Und übrigens haben nicht
alle Leser den selben Geschmack. Du willst am liebsten
ein lockeres Lied, dieser dagegen liebt ausschließlich Jamben und jener ergötzt sich an beißend boshaften Spötte-
reien nach Art des Bion. Manchmal hat es den Anschein,
ich hätte drei Freunde zum Essen geladen, deren jeder

einen anderen Geschmack hat. Was soll ich servieren? Und vor allem: Was nicht? Was Du verabscheust, das liebt der andere. Was Du Dir wünschst, verursacht den anderen Ekel.

Und endlich: Glaubst Du im Ernst, ich könnte in Rom, gespannt zwischen tausend Mühen und Sorgen, Gedichte schreiben? Der eine schleppt mich als Zeugen zum Richter, der zweite möchte mir unbedingt sein neuestes Buch vorlesen – und also lasse ich alles stehen und liegen. Ein Freund liegt mit Fieber im Bett auf den quirinischen Hügeln, ein anderer Freund am anderen Ende der Stadt, und beide muß und will ich besuchen – ja, so ein kleiner Spaziergang von drei, vier Stunden ist wahrhaft bequem. «Kannst du nicht gleichzeitig gehen und denken? Die Alleen sind frei – schreite aus und dichte!» Natürlich! Nichts leichter als das! Da rempelt mich eine Maurerkolonne an mit Eseln und Trägern, und von oben winkt mir ein Felsklotz oder es droht ein düster schwankender Balken vom Baukran, und hier die Begräbnisgesellschaft schiebt sich schwer durch das gewöhnliche Gewühl von Menschen, Karren und Wagen. Da flüchtet ein Hund, hier stampft eine schlammbesudelte Sau auf mich zu – schreite denn aus und dichte! Nein, die Dichter haben schon immer das Land geliebt und die Stadt gemieden, sie beten zu Bacchus, dem freundlichen Gott der Träume und Schatten. Du aber willst, ich soll im Getose des Tags und im Lärm der Nacht – dichten, den leisen Spuren der Eingebung folgen?

Ein glücklich begabter Mensch hatte einst in den friedlichen Straßen Athens Wohnung genommen und sieben Jahre lang still studiert, und über Gedanken und Büchern wurde er alt. Wenn er ausging – schweigsamer als eine Statue – lachte das Volk auf der Straße ihn aus. Wie sollte denn mir, einem Mann der Stadt, es gelingen, inmitten der

Ströme und Stürme Roms, die Wörter so fein und genau zu fügen, daß die Saiten der Lyra zu schwingen beginnen?

Es gab in Rom einen Redner, dessen Bruder war Rechtskonsulent. Sie machten gemeinsame Sache, indem sie – jeder vom andern – öffentlich immer die tollsten Loblieder sangen. Einen zweiten Gracchus nannte der Anwalt den Redner und der Redner den anderen «Mucius unserer Zeit». Glaubst Du, die Dichter machen es anders? Mitnichten! Ich schreibe ein Lied, und mein Freund eine Elegie. «Dies köstliche Werk – als hätten die Musen persönlich den Griffel geführt!» Sieh uns beide nur an, wie wir hoheitsvoll durch die Stadt stolzieren, wie königlich unsere Blicke schweifen zur Bibliothek, die zu dürsten scheint nach unseren Werken – und weiter, folge uns, wenn Du kannst, und hör zu, wie wir, jeder dem andern, den Dichterkranz flechten, indem wir einander vor großem Publikum loben; oh, wir schlagen uns tapfer, wir streiten zäh, bei Aufgang der Sonne sind unsere Feinde besiegt, und ich verlasse den Kampfplatz als neuer Alkaios – und er, mein Mitdichter? Ganz wie er möchte. Wäre Kallimachos recht? Nicht so ganz? Dann sei, lieber Bruder, der Mimneros unserer Zeit und trage den Kopf so hoch, wie es dein prächtiger neuer Name gestattet.

Wer Lyrik schreibt, der muß leiden, wenn er dem immer gereizten Geschlecht der Poeten lieb und dem großen Publikum teuer sein will. Ich habe ausgelitten: Meine Gedichte sind fertig. Ich habe mich gut erholt von der Arbeit, und ich darf mir jetzt ungestraft bei der Dichterlesung die Ohren verstopfen.

Wer schlechte Gedichte verfertigt, den lacht das Publikum aus – doch was ein rechter Versager ist, der stört sich nicht am Gelächter. Dilettanten genießen das Schreiben – und sie verehren und loben sich untereinander nach Kräften – glückliche Menschen sind das. Dagegen wer im Ernst etwas kann und will, der braucht außer Schreibzeug auch strenge, unbestechliche Urteilskraft. Er wägt jedes Wort, was zu leicht ist, entfernt er, ebenso Wendungen, die zu stumpf oder platt sind und die doch so zäh in der Sprache nisten wie Disteln in den Dünen oder wie die Priester in den Winkeln des Vesta-Tempels. Er gräbt nach langversunkenen Worten und hält sie ins Licht – Schätze und Kostbarkeiten der Sprache, wie sie noch Cato und Cethegus kannten, Worte, bedrückt von Verlassenheit, Alter und Staub. Aber auch neue Ausdrücke wird er benutzen, solche, welche die Umgangssprache erzeugte. Kraftvoll und klar wie ein reiner Strom, so fließt seine Rede, vielgestaltig und reich – so macht sie Latium glücklich. Was überständig ist, schneidet er weg, er glättet das allzu Schroffe und schlaffe Sätze entfernt er: Wer ihm zusieht, könnte glauben, er spiele. Und doch: Seine Arbeit ist Fron und Entsagung wie die Arbeit des Tänzers, der jetzt einen Satyr und gleich den Kyklopen gibt.

Solange mich meine Fehler freuen und nähren oder ich sie zum wenigsten nicht bemerke, solange bin ich doch lieber ein unausgebildeter, schlechter und lachhafter Dichter als einer, der leidet, weil er zuviel von seinem Handwerk versteht. Es lebte einmal in Argos ein durchaus vornehmer Mann, der setzte sich oft allein ins leere Theater und klatschte den nicht vorhandenen Schauspielern zu. Im übrigen war er ein biederer Bürger und guter Nachbar, gastfreundlich, treu, ein liebenswürdiger Gatte, seinen Sklaven sah er kleine Unarten nach und griff auch dann nicht zur Peitsche, wenn sie ein Krüglein Wein stiebitzten – er wußte sich wohl zu bewegen, ging nicht in Fallen und fiel nicht in Brunnen und verbrannte sich weder Zunge noch Finger. Als nun seine Verwandtschaft ihn vom sanften Theaterwahne kuriert und ihm die Galle mit

Nieswurz gereinigt hatte, sprach er: «Beim Pollux, ihr habt mich getötet, anstatt mich zu retten! Meine liebe Lust ist gewichen, ihr habt meinem Geist seinen kostbarsten Irrtum geraubt.»

Dazu sage ich: Falsch! Unsinn vertreiben, die Knabenspiele den Knaben lassen, ist richtig; Vernunft taugt immer. Nicht: Worte biegen und beugen, bis sie endlich zum Klang der latinischen Leier passen, wohl aber: Maß und Rhythmus des wirklichen Lebens studieren. So geht es mir immerzu durch den Kopf:

‹Wenn dein Durst nicht nachläßt, egal wieviel du auch trinkst, dann gehst du zum Arzt; wenn du jedoch, je mehr du besitzt, um so mehr begehrst – darüber willst du mit niemandem reden? Wenn man dir Wurzel und Kraut verordnet, um eine Wunde zu heilen, aber die Wunde verheilt nicht – würdest du weiter Wurzel und Kraut verwenden? Deine Freunde sagten: Geld ist gut gegen Dummheit. Also wurdest du reich. Und nun, da du reich bist, erkennst du: du bist um kein Sandkörnchen klüger geworden. Trotzdem glaubst du weiter ans Geld, du traust weiter dem falschen Rat? Ja wenn es so wäre: Daß Reichtum Klugheit verursacht, oder wenigstens Feigheit und Habgier beseitigt, dann müßtest du wahrhaft erröten, solange noch irgendwo auf der Welt ein Mensch wohnt, der geldgieriger ist als du.›

Was Du gekauft und bezahlt hast, darfst Du Dein Eigentum nennen nach Recht und Gesetz. Aber, so sagen die Rechtsgelehrten, auch durch jahrelangen Gebrauch einer Sache wird man ihr Eigentümer. Das Land, das Dich nährt, ist Deines. Der Bauer bestellt das Land, dessen Früchte Du kaufen wirst: Also bestellt der Bauer das Land für Dich, Du bist der wirkliche Eigentümer. Du gibst dem Bauern Geld, und er gibt Dir Trauben und Hühner und Eier und Krüge voll Wein. Gehört Dir denn nicht zugleich mit den Früchten das Land, das die Früchte hervorgebracht hat? Auch wenn der Bauer vor längerer Zeit dreihundert oder auch tausend und mehr Sesterzen bezahlt hat für seine Ländereien? Ist es nicht ganz egal, zu welchem Zeitpunkt Du zahlst für das, was Du ißt? Auch wer sich ein Landgut kauft und den Kohl von eigenen Feldern kocht, lebt von gekauftem Kohl, egal was er selbst auch darüber denkt. Das Holz, mit dem er in kalten Nächten die Kessel heizt, bleibt doch gekauftes Holz. Eigentum nennt er das Grundstück bis zu der Stelle, wo eine Pappel die Grenze zum Nachbargrundstück, zur Vermeidung von Rechtsstreitigkeiten, deutlich bezeichnet. Kann man denn ernstlich Eigentum nennen, was ein Wimpernschlag des Glücks, eine Laune des Schicksals durch Schenkung oder durch Kauf, durch Gewalt oder Tod in die Hand und Herrschaft eines anderen gibt? Man hat ja doch nichts für immer, Erben folgen den Erben wie am Ufer des Meeres Wellen den Wellen folgen – wozu also ganze Dörfer besitzen und riesige Scheunen? Warum den kalabrischen Koppeln lukanische Weiden hinzufügen? Der Tod mäht die Großen genauso nieder wie er die Kleinen hinwegrafft, er ist nicht bestechlich, auch nicht mit Gold. Übrigens gibt es Menschen, die haben weder Juwelen, Marmor noch Elfenbein, keine tyrrhenischen Statuetten und Bilder, weder Silber noch rot gefärbte Gewänder – und mancher von ihnen empfindet das nicht als Mangel.

Zwei Brüder – der eine zieht vor, unter Palmen zu wandeln, in Gärten zu spielen und sich mit duftenden Ölen zu salben, der andere, ebenfalls reich, regsam vom ersten Hahnenschrei bis tief in den Abend, mit Feuer und Eisen macht er die Erde urbar, durchforstet den Wald, bestellt sein Feld, – warum? Der Genius weiß es, jedes Menschen unsichtbarer Genosse vom Tag der Geburt bis zur Stunde des Todes, sterblicher Gott des Lebens, Besänftiger des Schicksals, glücklich manchmal und manchmal düster. Ich will mich begnügen mit dem, was ich brauche, das aber nehme ich furchtlos; meine Erben mögen sich grämen, weil ich nicht mehr hinterlasse, als was mir mein Vater vermacht hat. Ich muß unterscheiden lernen: Zwischen Verschwendung und Großzügigkeit, zwischen Geiz und einfach-bescheidenem Leben. Denn es ist nicht dasselbe, ob du Dein Geld zum Fenster hinauswirfst oder ob Du ohne Bedauern zahlst für das, was Du brauchst, und nicht mehr erstrebst, als Du hast, so wie Du als Kind einst die schönen, kurzen Tage des Karnevals in vollen Zügen genießen konntest. Schmutzige Armut wünsche ich mir nicht; doch ob das Schiff, mit dem ich verreise, groß oder klein ist, ich, der Reisende, bleibe immer ein und derselbe. Die günstigsten Winde habe ich nicht erwischt, muß aber auch nicht kämpfen mit Stürmen und Wirbelstürmen; an Kraft, Begabung, Bildung, Charakter, Aussehen, Reichtum bin ich unter den Besten der Letzte, doch von den Letzten bin ich der Erste.

Du hast deine Habsucht besiegt? Das ist gut! Aber wie steht es mit den anderen Lastern? Ist Deine Seele frei vom ärmlichen Ehrgeiz? Ist sie befreit von Todesfurcht und von Zorn? Lachst Du die Handauflger, die Zauberer, Hexen und Horoskope aus? Spottest Du über betörende Gifte und Wunderkräuter? Zählst Du Deine Geburtstage dankbar? Vergibst Du den Freunden? Macht Dich das Alter weicher und besser? Was nützt es, wenn Du von tausend Dornen einen einzigen ziehst? ‹Wenn du nicht recht zu leben verstehst, dann mach Platz für die, die es besser können als du. Gegessen, gespielt und getrunken hast du genug. Es wird Zeit, daß du gehst, auf daß dich keiner der allzu seligen Zecher verspotte, zu deren Jugend der Übermut besser paßt als zu dir.›

# NACHWORT

## *I. Zeit der Kirschen*

Krieg an den Rändern des Imperiums, billige Arbeitskräfte aus dem Osten drängen in die Metropole. Unermeßlicher Reichtum der Eliten. Empfängnisverhütung, Kochbücher und Schminke haben Konjunktur, die Geburtenrate sinkt, die Scheidungsrate steigt. Die Massen rennen in die Stadien und brüllen vor Begeisterung, wenn Männer aus fremden Ländern einander bekämpfen. Die Gerichte werden mit Klagen überschwemmt, die Redekunst der Anwälte ist exquisit. Der höchste Priester heißt Pontifex Maximus und predigt in einem schönen Gewand, aber niemand glaubt an die Götter, von denen sein lateinischer Singsang handelt. Ingenieure verfeinern die Heizungstechnik, den Straßenbau, die Waffen. Wen mitten in den lukullischen und venerischen Orgien die Langeweile anfällt, dem helfen öffentliche Spaßvögel und Philosophen, die ihren Zynismus für teures Geld unters Volk bringen.

Daß diese Skizze des römischen Lebens im ersten vorchristlichen Jahrhundert fast ebenso gut zum öffentlichen Treiben in unseren modernen Städten paßt, ist einer der Gründe, weshalb die Briefe des im Jahre 8 v. Chr. gestorbenen Dichters Horaz auf den heutigen Leser wirken, als wären sie vor ein paar Tagen abgeschickt worden und nicht vor über zweitausend Jahren. Die Menschen, von denen Horaz spricht, tragen keine Schlipse und keine Sneakers, sondern Toga und Sandalen. Trotzdem kommen sie uns vertraut vor: Händler und Rechtsanwälte, Friseure und Lehrer, Kurärzte und Hausverwalter, schwadronierende Tagediebe und beschwipste Dichter, allesamt getrieben von Projekten und Geschäften, manchmal beseligt durch geheime Hoffnungen, oft gequält von Geiz und Neid und kleiner Angst und stiller Gier, dann wieder beflügelt von den schönsten Sehnsüchten – es ist, als würden wir diese Menschen kennen. Und wir kennen sie ja auch. Nicht nur aus dem Fernsehen und dem Internet, sondern sogar persönlich. Denn, dies zu bemerken erspart uns Horaz nicht: Wir sind selbst diese wunderlich verstrickten Narren, Horaz zählte sich auch zu ihnen. Und eben dies gibt ihm das Recht und die Kraft, sich nicht in Gesellschaftssatire zu erschöpfen, sondern mit dem Leser über das Einfachste zu sprechen, das, was jenseits der Wahlkämpfe und Zahlkämpfe jeden angeht, das blanke Menschenleben und den Menschentod, und das, was daran gut ist und was schlecht ist und wie man beides voneinander unterscheidet. Herzstärkend und dem Geist bekömmlich sind die Lesefrüchte, die man hier ernten kann. Es ist, als würde uns ein Freund mitten aus den so unendlich wichtigen Staubwirbeln unserer Geschäfte aufs Land entführen, wo wir den Tag auf einer sommerlichen Obstplantage verplaudern und uns daran freuen können, wie uns frisch gepflückte Kirschen auf der Zunge zergehen: Richtiges Leben.

## II. Der Baum der Erkenntnis – richtig leben!

Im Jahre 30 vor Christi Geburt fiel dem damals 35 Jahre alten römischen Dichter Quintus Horatius Flaccus bei Gartenarbeiten auf seinem Landgut in den Sabinerbergen ein Olivenbaum auf den Kopf. Das passiert, wenn ein Intellektueller anfängt, sich in die Landarbeit einzumischen, werden die umstehenden Bauern gedacht haben, während sie, so denken wir uns das, sich anschickten, den schwer benommenen Dichter in sein kühles *dormitorium* zu tragen. Horaz wußte, was er an den Bauern hatte. Aber was hatten sie an ihm? Wozu braucht der Bauer den Künstler und der Mensch ein Gedicht? Und schon gar, so fügen wir hinzu, auf Latein, heutzutage bei der Kassenlage? Soll etwa die Dichtung das Leben verbessern?

Diese berühmte Frage hätte Horaz ohne zu zögern bejaht. Er sah die Welt insgesamt, und damit auch seinen eigenen Beruf, aus der Perspektive eines Menschen, der ein gutes Leben wollte, für sich und für Rom und die ganze römische Welt. Die Kunst des guten und richtigen Lebens ist der Gegenstand seines Spätwerks, der *epistulae*. Horaz wollte, als er, einige Jahre nach dem Gartenunfall, das Ende seiner poetischen Kräfte nahen fühlte, ein Buch schreiben, das den Armen genauso nützt wie den Reichen, etwas, das kein junger und kein alter Mensch entbehren kann, ohne sich selbst zu schaden.

Worin besteht gutes Leben? Wer die Ratgeberliteratur unserer Tage durchblättert, muß zu dem Schluß kommen, gut lebe, wer Steuern spart, jeden Morgen nach dem Joggen einen Apfel ißt, nicht raucht, sich zum stickstoffgefrosteten Foie Gras (über die Zunge gleitend wie ein Hauch) einen Schluck Orange Wine gönnt – und bei all dem immerzu wahnsinnig gelassen bleibt, während er seinen Traumkörper im E-Auto wahlweise nach La Rochelle oder zur nächstgelegenen Klimaschutz-Demo kutschiert – je nachdem, was Alexa oder Siri oder sonst eine algorithmisierte Pythia empfiehlt. Wenn er dann noch die von der Sinnstiftungsindustrie verschriebenen Bücher liest, kann eigentlich nichts mehr schiefgehen!

Eine professionellere Form der Planung richtigen Lebens findet in politiknahen Denkfabriken statt. Vor kurzem hörte ich im Radio eine Diskussion zu der Frage, warum manche Menschen sich unter den Bedingungen einer multikulturellen Gesellschaft fremd in ihrem sozialen Umfeld fühlten. Ein Soziologe vertrat die Auffassung, die Menschen müßten lernen, daß Diversität ein positiver Teil von Heimat sei. Die Politik müsse durch – nicht näher erläuterte, wohl erzieherische, städtebauliche, infrastrukturelle, propagandistische – Maßnahmen die gesellschaftlichen Rahmenbedingungen so verändern, daß Heimat nicht mehr ohne Diversität empfunden werden könne. Und dann ziemlich wörtlich: «Die Menschen müssen das, was sie sollen, auch wollen können.» Das heißt wohl: «Die Politik», also Politiker, Beamte, externe Berater, legen fest, wie das richtige Leben der Menschen aussehen soll, und versuchen dann, das Leben und das Sprechen über das Leben so zu organisieren, daß die Menschen das erstrebte Wohlbefinden auch zu fühlen glauben. Es wäre sicher übertrieben, solche Strategien als Gehirnwäsche zu bezeichnen. Aber die Idee, daß man die Vorstellung vom richtigen Leben besser nicht dem einzelnen Menschen überlassen sollte, ist allgegenwärtig. Der Staat soll, wie es schon Plato wollte, seine Bürger erziehen. Daß die jeweiligen Erziehungsziele, wie zum Beispiel Kampf gegen Alkoholmißbrauch oder Versöhnung der Kulturen, ihre Berechtigung haben – wer wollte das bestreiten. Aber die Idee, so etwas zu verordnen, ja regelrecht zu programmieren und zwar so ausweglos, daß der Einzelne gar nicht mehr unterscheiden kann, ob er etwas soll oder will? Und das alles nach Anweisung eines offenbar im Vollbesitz der Wahrheit befindlichen expertokratischen Mastermind?

Nichts könnte weiter entfernt sein von dem, was Horaz dachte. Eines der Probleme der gerade beschriebenen ziemlich imperatorischen Ratschläge ist, daß sie so tun, als wäre das gute Leben etwas, das man durch Gehorsam gegenüber Gebrauchsanweisungen erst erreichen und dann in Funktion halten könnte, am besten natürlich global gerecht und für immer. Horaz hielt wenig von solchen Illusionen. Man kann das gute Leben nicht wie eine gut geölte Maschine in Gang halten. Es gibt keine Wege zum Glück, die man beschreiben könnte. Vermutlich hätte Horaz dem spanischen Dichter Antonio Machado zugestimmt: Nur im Gehen entsteht der Weg. Wenn Horaz Ratschläge gibt, dann kommen sie als Gesprächsangebote daher, nicht als Direktiven. Er hatte einen kühlen Blick auf das Leben. Er rechnete mit dem Unberechenbaren. Krankheit und Tod und die Angst davor konnten die Menschen in den vormedizinischen Zeiten Bescheidenheit lehren. Horaz sah seine Existenz von ihrem jederzeit möglichen Ende und ihrer unhintergehbaren individuellen Tragik her: Der letzte Akt ist immer blutig. Um trotzdem Haltung und, wenn möglich, etwas Heiterkeit zu bewahren, braucht der Mensch keine tausend Steuertricks, keine Tofu-Schnitzel und keine disruptiven Narrative. Er braucht einen anderen Menschen, um mit ihm zu reden. Deshalb lädt Horaz ein: Wenn Du Lust hast zu lachen, komm zu Besuch!

Und was lehrt Horaz?

Um das richtige Leben geht es. Richtig leben hieß für den Römer Horaz: Glücklich sein. Was aber ist das nun wieder: Glück? Ein seltsam abgegriffenes Wort, wie ein Geldschein aus der Inflationszeit, mit unglaublich vielen Nullen bedruckt. Vielleicht denken wir heute auch an jene neueste Wissenschaft, die am Schnittpunkt zwischen Hirnforschung, Volkswirtschaftslehre und Philosophie angesiedelt ist. Sie heißt Glücksforschung und erstellt, staatlich gefördert und streng empirisch, Glückstabellen, zum Beispiel den «Deutsche-Post-Glücksatlas». Daraus kann man sich endlich – zahlenbasiert – zusammenreimen, was man sich sonst wahrscheinlich nicht träumen ließe: Zum Beispiel, daß eine reiche junge Frau, die häufig Sex hat und etwas öfter Sport treibt als sie fernsieht, sehr gute Chancen hat, sich glücklich zu fühlen, vorausgesetzt, sie ist nicht länger als drei Monate verheiratet und lebt am Bodensee oder etwas nördlich von Osnabrück. Wohingegen ein kranker, in zwanzig Ehejahren vereinsamter, schlecht verdienender, teilzeitbeschäftigter Berufspendler aus Gera, der mehr als 2,2 Stunden täglich vor dem Computer verbringt und sich dabei mit *junk food* vollstopft, ziemlich weit unten im wissenschaftlichen *ranking of happiness* anzutreffen ist.

Das Glück, von dem Horaz schreibt, kennt kein *ranking*. Im Gegenteil: Das ständige Streben, morgen besser sein zu wollen als heute und immer besser als andere, ist eine Ursache des Unglücks. Das Glück hat weder einen Preis noch einen festen Ort. Denn Glück, und das ist eine erstaunliche Wendung, bedeutet nichts anderes als Tugend. Wohlgefühle, die nicht auf Tugend beruhen, sind schätzenswert und man sollte sie genießen. Aber jedem, der sich von solchen Launen des Schicksals durch Hoffnung oder Furcht abhängig macht, jedem, der dem Geld hinterherkriecht oder dem Ruhm oder einem Geliebten oder einem Regierungsamt – allen denen, zu denen Horaz sich manchmal auch selbst zählt, ruft er jenen berühmten Satz entgegen, der so sehr nach sozialem Hochmut klingt: *odi profanum vulgus* – ich hasse das gemeine Volk. Gemein ist für Horaz dabei nicht der Arme oder der Erfolglose, sondern derjenige, der sich selbst zum Sklaven macht, statt nach Tugend und Weisheit wenigstens zu streben. *Sapere aude* – wage es, weise zu sein! Allerdings ist römische Tugend, und hier haben wir die nächste überraschende Wendung, alles andere als römisch-katholische Tugend oder Moral im heute verbreiteten Sinn. Insbesondere schließt Tugend für Horaz weder Trinkgelage, Knabenliebe noch Bordellbesuche aus. Römische Tugend bedeutet nicht, die Lust und den Schmerz meiden, sondern beide beherrschen. Deshalb gehört dazu auch das Recht des Menschen, über Tod und Leben zu entscheiden. Die Römer bewunderten jenen Germanen, der sich aus dem Elend der Sklaverei befreite, indem er sich aus dem Wagen, auf dem er durch Rom gefahren wurde, hinauslehnte, sich niederbückte und seinen Nacken in den Radspeichen brach. Tugend ist Distanz, gegenüber dem eigenen Ich, dem anderen Menschen, der Natur und gegenüber den Göttern.

Aber das klingt viel zu hart und zu statisch für das, was gemeint ist. Denn in Wahrheit ist die Tugend kein Gesetz, sondern eine Bewegung der Vernunft. Sie zeigt sich immer da, wo Du bist. Die Mitte zwischen den Lastern halten ist Tugend: Ein Balanceakt, beinahe ein Tanz. Deshalb läßt sie sich auch nicht auf tweet-fähige *messages* und Imperative zurückführen. Wäre das anders, Horaz hätte nicht 23 Briefe darüber geschrieben. Es ist bei den Briefen des Horaz wie bei allen Briefen: Man muß sie öffnen.

Wer das tut, dem wird der würzige und anmutige Duft der Freiheit, der hier weht, nicht entgehen. Er wird feststellen, daß ein Mensch spricht, der sich in kein System verbissen hat. Die Tugend hat in Wahrheit unendlich viele gute Eigenschaften. Sie ist göttlich und frei. Ich habe mich keinem Lehrer verschrieben, ich denke auf eigene Rechnung, heißt es im ersten Brief; und im siebenten: Den

Schuh nach den Maßen des eigenen Fußes wählen, das ist die wahre Kunst. Die Tugend ist wach und fleißig, denn träge Ochsen träumen vom Joch. Die Tugend ist höflich: Deshalb empfiehlt Horaz dem Dichter, seine Sponsoren nicht vor den Kopf zu stoßen, wenn sie ihn zum Essen einladen. Die Tugend ist konkret. Sie zeigt sich in winzigen, oft sehr komischen Situationen des Alltags. Trunkenbolde und Boxer treten auf, reiche Männer, die ein Stück Strand mit ihrem Sommerhaus verschandeln, ein Friseur, der dem Dichter die Haare verschneidet, junge Juristen und ein vegetarisches Abendessen, polierte Weingläser und Achselgeruch. Stickige Hitze im Sommer, unbeantwortete Briefe, Reisesucht, Geldgier, Badekuren gegen verhärtete Muskulatur, Lustknaben, Bücher, schlaue Bauern und überarbeitete Politiker, Unfälle, Krankheiten, Horoskope und der wechselnde Mond und inmitten all dieser Bewegungen der Mann Horaz, der feststellen muß: Auch die Tugend selbst ist immer unterwegs. Sie schimmert bescheiden in den schlechten, aber herzlich empfundenen Versen eines dilettierenden Dichters, dann wandert sie in die Selbsterkenntnis eines Geldmenschen, der zum armen Philosophen sagt: Mein Reichtum bedeckt meine Dummheit. Und dabei ist die Tugend schön: Sie kann sich auch nackt sehenlassen. Und dann ist die Tugend noch in der Natur: Vertreib die Natur mit Schüppe und Forke – immer, wenn auch manchmal auf leisen Sohlen, kehrt sie zurück und setzt Deinem Übermut Grenzen. Und die Tugend ist sozial: *tua res agitur paries cum proximus ardet* – Dich geht es an, wenn das Haus Deines Nachbarn brennt. Und die Tugend hält den Blick auf die Wahrheit aus: Das Ende des Rennens ist immer der Tod. Er zieht den Schlußstrich. Das alles betrachtet der Dichter und sieht sich selbst stellvertretend für uns: Einmal mürrisch in der Stadt, einmal in sich zerrissen, dann wieder fröhlich und unter dem Gelächter der Bauern sein Land umgrabend, er nennt sich: Ein Ferkel aus epikuräischer Zucht.

Niemand kann den Bilder- und Gedankenreichtum der Briefe des Horaz auf einen Nenner bringen, so wenig wie man ein Musikstück oder ein Mosaik auf einen Nenner bringen kann. Die Briefe des Horaz sind ein Gedicht, also eine Balance von Rhythmus und Klang, Bildern und Gedanken. Das leichte Schweben der Balance herzustellen, fordert vom Dichter, daß er sich weder vom Klang der Sprache noch von seinen Gefühlen überschwemmen läßt, sondern beides mit der liebevollen Distanz des Handwerkers betrachtet. Das ist die Tugend des Dichters. Horaz arbeitete ein Jahrzehnt an den Briefen. Er wählte den für das römische Publikum leicht eingängigen Hexameter als Versmaß, benutzte einfache, unverbrauchte, noble und klangvolle Worte. Er hat jede Silbe mit einer Sorgfalt bearbeitet, wie man sie gegenüber einem Freund anwendet, dem man das Herz rühren möchte, ohne ihm auf den Schlips, oder sollte man sagen: Auf die Toga zu treten. Das alles, schreibt Horaz, sich an den Leser wendend, hab ich für Dich diktiert, ich sitze im Gras hinter dem alten verfallenen Vacuna-Tempel, und zum Glück fehlt mir nichts: nur Du.

Die Dichter aller Jahrhunderte haben Horaz bewundert und geliebt, von Shakespeare über Herder und Morgenstern bis Heiner Müller. Bert Brecht hatte drei Horazausgaben auf seinem Nachttisch. Friedrich Nietzsche schrieb: «Dies Mosaik ... , wo jedes Wort als Klang, als Ort, als Begriff, nach rechts und links über das Ganze seine Kraft ausströmt, dies minimum in Umfang und Zahl der Zeichen, das damit erzielte maximum in der Energie der Zeichen – dies alles ist römisch und, wenn man mir glauben will, vornehm par excellence.»

Wir verstehen jetzt, warum Quintus Horatius Flaccus im Jahre 30 vor Christus, als ein Baum ihn beinahe getötet hätte, keine Abhandlung über die Vermeidung von Gartenunfällen schrieb, sondern ein Gedicht, in dem er erstens den unheilvollen Baum und in ihm die gemeine Kunstlosigkeit des räuberischen Schicksals verfluchte und zweitens als das beste Heilmittel gegen die tragische Komik des Lebens Gesang und Gedicht empfahl, eine süße Medizin, bei deren Anwendung Untiere ihre Ohren senken, Schlangen sich friedlich einrollen und sogar die Toten einen Augenblick lang ihr Totsein vergessen. Dichtung ist Atem und Leben. So kann die Arbeit des Dichters das Leben bessern. Dem Dichter kann sie sogar einen Sieg über den Hauptfeind des Lebens schenken, den Tod: *non omnis moriar* heißt es in der 30. Ode des 3. Buches – nicht ganz werde ich sterben, denn ich habe ein Monument errichtet, das standhafter ist als Erz, höher als die Pyramiden.

## III. Horaz – seine Zeit

Im zweiten Jahrhundert vor Christus überschwemmte Korn aus Sizilien den römischen Getreidemarkt und Sklaven aus den eroberten Gebieten des Imperiums verdarben die Löhne der freien römischen Arbeiter. Die italischen Völker rebellierten gegen Rom. Es gab Aufstände und Straßenschlachten. Aber die reichen Patrizier, die ihre Regierungsform Republik nannten und es als ihr Recht ansahen, die heimischen so gut wie die eroberten Gebiete auszusaugen, hatten noch Kraft, zurückzuschlagen. Die Landvölker der Halbinsel Italien wurden unterworfen und versklavt und die stadtrömischen Volksmassen mit Geld und billigen Lebensmitteln gekauft.

Wenn sie sich kaufen ließen. Einige wußten noch, was römische Tugend hieß. Als der stolze Revolutionär Gaius Gracchus erfuhr, daß der Senat auf seinen Kopf dessen Gewicht in Gold ausgesetzt hatte, ließ er sich von seinem Sklaven enthaupten, ein Soldat steckte den Kopf an einen Spieß, kratzte das Hirn aus dem Haupt, füllte die Schädelschale mit geschmolzenem Blei und ließ sich vom Senat das Gold aushändigen.

So ging der Kampf weiter. Wie verrottet das demokratische System in der ersten Hälfte des ersten Jahrhunderts war, zeigt sich daran, daß während der Wahlkämpfe die Zinsen anstiegen, weil das Bestechungsgeld für den Stimmenkauf knapp wurde. Auch die Richter in den zu Wahlkampfzwecken angezettelten Skandalprozessen hielten die Hände auf. Das konnten selbst reiche Leute nur auf Kredit finanzieren. Allerdings lohnte sich die Investition. Denn mit dem politischen Amt waren Pfründe verbunden. So entstanden unglaubliche Privatvermögen. Lucullus, ein Wirtschaftsmagnat und Feldherr, der die Süßkirsche vom Schwarzen Meer nach Europa brachte, seinen Gästen Flamingozungen servierte und heute nur noch als Namenspatron der Feinschmecker bekannt ist, Lucullus besaß fünftausend Mäntel und pflegte zu sagen: Arm ist ein Haus, wenn dem Herrn etwas fehlt, nachdem sich der Dieb bedient hat. Die Literatur blühte, griechische Philosophen, Rhetoriker und Forscher kamen ins Land. Es gab tastende Versuche einer naturwissenschaftlichen Weltsicht: Lukrez schrieb ein großes Lehrgedicht, in dem er verkündete, die Welt sei aus Atomen zusammengesetzt. Marcus Terentius Varro machte in seinen drei Büchern über die Landwirtschaft winzige, dem Auge unsichtbare Lebewesen für gewisse Krankheiten verantwortlich, *animalia quae-dam minuta*, Vorläufer der Bakterien. Die Ingenieure bauten Wasserleitungen und Fußbodenheizungen. Zugleich hatten Wahrsager Konjunktur. Alte Frauen saßen nachts auf dem Friedhof, um Liebestränke aus Krötenblut und geriebenen Eulenfedern zu kochen. Schlimm war die Lage der Sklaven. Wenn sie die Freiheit zu sehr liebten, mußten sie mit Fußfesseln auf den Feldern arbeiten. Das war der günstige Fall. Im ungünstigen wurden sie im Zirkus an die importierten Löwen und Bären verfüttert. Schlimm war auch die Unsicherheit auf Roms Straßen. Zu gewissen Zeiten beherrschten Schlägertrupps die Stadt. Die Reichen hatten Leibwachen, die andern mußten sich vorsehen.

Cicero schrieb: «Das Blut wird vom Forum mit Schwämmen aufgewischt …», und «Der Weg führt nach vorne in den Abgrund, rückwärts ins Ungewisse.» Er zielte damit auf Gaius Iulius Caesar. Dessen Schicksal war Roms Weg. Er führte in die Diktatur. Caesar trieb die Grenzen des Imperiums im Norden bis nach England. Gallien und Germanien wurden römisch bis zum Rhein. Die Reichtümer, die er auf seinen Feldzügen den fremden Völkern raubte, investierte Caesar in die Innenpolitik. Er entlohnte seine Soldaten fürstlich, ließ in Rom Bäder und Theater bauen, verteilte Geld unter das Volk und veranstaltete glanzvolle Spiele. Aber der Bürgerkrieg blieb ihm nicht erspart. Im Jahre 49 überschreitet er den Rubikon und spricht die berühmten Worte: «*Alea iacta est* – Der Würfel ist geworfen!» Einige Zeit später nach einer anderen Schlacht ein anderer berühmter Satz: «*Veni, vidi, vici* – Ich kam, sah und siegte.»

Cato, einer der unterlegenen Widersacher Caesars, treibt sich nach der Niederlage ein Schwert in den Unterleib. Sein Arzt eilt zur Hilfe, verbindet die Wunde und empfiehlt sich zur Nachtruhe. Cato aber, in aller Seelenruhe, entfernt den Verband, reißt sich mit den Händen das Gedärm aus dem Leib und verblutet. – Römische Tugend.

Caesar kann seinen Erfolg nicht lange genießen. Am 15. März 44 vor Christus fällt er dem Attentat der republikanischen Verschwörer zum Opfer. «Auch du, mein Sohn!» – die letzten Worte Caesars sind gerichtet an seinen jugendlichen Freund Brutus, der den Dolch geführt hatte. Damit beginnt der nächste Bürgerkrieg, der nach verworrenen Rankünen und entsetzlichen Gemetzeln fünfzehn Jahre später mit dem Sieg Octavians und der letzten grausam-höhnischen Geste des Zeitalters der Revolution endet:

Als die Geliebte seines einzig verbliebenen Gegenspielers Antonius, die tausend Mal in Milch und Olivenöl gebadete Kleopatra, feststellen muß, daß sie Octavian nicht auf ihre Seite ziehen kann, läßt sie sich zwei Giftschlangen bringen und legt sie an den entblößten Busen, der einst die Wonne Caesars war. Die Schlangen beißen zu und Octavian, der sich später Augustus nennt, hat die ganze Macht.

In den folgenden fast fünfzig Jahren herrschen Ruhe und Wohlstand in Rom. Brot und Spiele statt Politik für das Volk, Landhäuser mit Swimmingpools für die Gelage und sexuellen Ausschweifungen der Reichen. Während von den Rändern des Reichs neue Götter nach Rom kommen, bessert sich dort die Moral nicht. Aber der Stil der Moralpredigten wird stark verfeinert. Und Augustus führt zur Hebung der Ehemoral strenge Gesetze ein, an die er sich selbst nur sporadisch hält. Der Kaiser ist ein Freund der Kunst und der Literaten. Wenn er nicht gerade verschnupft ist und einen von ihnen – wie Ovid – mitten in der Nacht aus dem Haus holt und ins Exil ans Schwarze Meer verbannt.

## IV. Horaz – sein Leben

Horaz wurde im Jahre 65 vor Christus geboren. Sein Vater war ein Freigelassener, also ein Sklave, der es mit eigenem Fleiß und dem Wohlwollen seines Herren geschafft hatte, ein kleines Vermögen anzusparen und sich damit freizukaufen. Ein vollgültiger *civis Romanus* war man nach römischem Recht damit nicht, aber man durfte Geschäfte betreiben: Der Vater des Dichters verlegte sich auf eine Handelsvertretung für Öl und Wein in Venusia, einem Gebirgsflecken zwischen Rom und Palermo. Die Menschen in dieser Gegend hatten sich ein paar Jahrzehnte zuvor gegen die Herrschaft Roms erhoben und Rom hatte dort eine Garnison von Soldaten stationiert. Ansonsten dürfen wir uns ländliches Leben vorstellen: Manchmal schlief der Knabe Horatius, vom Spiel ermattet, im Gras ein, Tauben deckten ihn mit Laub zu und die Musen schützten ihn vor dem schwarzen Biß der Schlangen, so schrieb er später. Von seiner Mutter oder von Geschwistern ist nichts bekannt, nur von der Amme Pullia, dem tapferen, Süßigkeiten verteilenden Grundschullehrer Flavius und von großspurigen Offizierssöhnen, mit denen zusammen Horaz zum Schulhaus trottete, behangen mit einer Schreibtafel und einem Säckchen voller Rechensteine.

Als der beste Vater, wie ihn Horaz nannte, genug Geld zusammenhatte, zog er in die Hauptstadt und fand für seinen Sohn den besten Lehrer. Nach Möglichkeit begleitete der Vater den Knaben zur Schule – Rom war eine Millionenstadt, und schon das gewöhnliche Getümmel forderte Ellenbogen und Bewegungsgeschick: «Da rempelt mich eine Maurerkolonne an … , von oben … droht ein düster schwankender Balken vom Baukran … Da flüchtet ein Hund, hier stampft eine schlammbesudelte Sau auf mich zu.» Rom war eine Stadt der Spelunken und Bordelle, der Straßenräuber und Mordbanden, und wenn man Pech hatte, bekam man als Gruß aus den Obergeschossen der Mietskasernen den Inhalt eines Nachttopfes auf den Kopf. In der Schule lehrte der strenge Lucius Orbilius Pupillus Rhetorik, Poetik, Musik, Mathematik, Astronomie und Griechisch.

Mit siebzehn war der junge Römer volljährig und es gehörte zum guten Ton, sich nun ein paar Jahre im Ausland weiter zu bilden. Horaz ging auf Kavalliersreise nach Athen und studierte Griechisch. Griechische Philosophie, griechische Lyrik, griechische Mädchen und griechischer Wein, und alles wieder in der Gesellschaft junger römischer Herren aus gutem Haus. Die meisten von ihnen waren Anhänger der Republik, also Feinde des volkstümlichen Diktators Caesar. Auch Horaz stand auf dieser Seite des politischen Kampfes seiner Zeit. Als Caesar ermordet war und der Bürgerkrieg begann, zog der Lyriker die Rüstung an und mischte sich unter die republikanischen Soldaten. Es wurde ein Fiasko. Als es in der Schlacht bei Philippi brenzlig wurde, warf Horaz, wie er später bekannte, den Schild weg, was soviel heißt wie: Er beging Fahnenflucht. Der Bürgerkrieg dauerte dann noch über ein Jahrzehnt, aber Horaz hatten die wenigen Stunden bei Philippi gereicht, um zu lernen, daß die Aufopferung für Zwecke der Politik vielleicht eine gute, keinesfalls aber seine Sache war. Horaz war kein tapferer Soldat, obwohl er später den Satz schrieb, mit dem auf den Lippen noch im letzten Jahrhundert Millionen tapferer Soldaten ihr Leben ließen: *dulce et decorum est pro patria mori!* – Wie schön und wie recht es doch ist, fürs Vaterland zu sterben.

Horaz entschied sich dafür, zu leben. «Wie ein Vogel, dem man die Flügel gestutzt hat, saß ich jetzt da, am Boden zerstört, ohne Habe und Haus. Was sollte ich tun? Die Armut zwang mich zur Kühnheit: Ich schrieb Gedichte.» Gedichte schreiben war in den besseren Kreisen Roms Mode. Aber nach einer guten Geschäftsidee klang es auch damals nicht. Der Dichter brauchte eine zuverlässige Geldquelle. Horaz fand sie als Schreiber im Staatsarchiv, dem etwas oberhalb des Forum Romanum gelegenen Tabularium. Von dort hatte er einen fabelhaften Blick auf das verwinkelte und heftig pulsierende Herz des Imperiums: Hier war Markt, hier hasteten die Politiker und Anwälte, die Bücherverkäufer, die Geldverleiher und die Besucher der Tempel, es war wie *downtown* Manhattan. In dieser Zeit entstanden die Gedichte, mit denen Horaz sich einen Namen machte, die Epoden und die Satiren. Vor allem Vergil hatte an diesen formvollendeten, zwischen wildem Spott, Pornographie und melancholisch gefärbter Lebensfreude schwankenden Kunstwerken einen Narren gefressen. Er stellte Horaz einem unermeßlich reichen und im Hintergrund der Politik seine Fäden ziehenden Menschen vor, dessen Namen wir heute als Inbegriff jedes großzügigen Freundes der Kunst kennen. Maecenas hieß dieser Mann. Horaz war, als er ihm gegenüberstand, so aufgeregt, daß er stotterte und stammelte und entlassen war, bevor er ein vernünftiges Wort herausgebracht hatte. Mit dem Gefühl, alles verdorben zu haben, verließ er die Chance seines Lebens. Neun Monate später bat Maecen den Dichter ein zweites Mal zu sich und bot ihm seine Freundschaft an. Fortan brauchte Horaz nicht mehr die Stufen zum Tabularium zu ersteigen und Akten zu kopieren.

Maecen sorgte für alles. Er schenkte Horaz ein Schreib-domizil in den Sabinerbergen, dreißig Kilometer süd-östlich von Rom, das in seinen späteren Gedichten oft erwähnt ist. Das klingt nach bescheidener Poeten-Idylle, war aber in Wirklichkeit eine grandiose Landresidenz, wie man sie heute nur aus den Luftaufnahmen von Paparazzi kennt, die auf die Schlösser bedeutender Fußballspieler, Devisenhändler oder Fernsehstars angesetzt sind. Vierzig mal einhundertzehn Meter umbaute Fläche, einige drei-ßig Zimmer, angelegt um einen Garten herum, der aussah wie einer jener Parks in Paris mit symmetrisch geordne-ten Wegen und Hecken, und im Herzen dieses umbauten Gartens befand sich ein zehn mal fünfundzwanzig Meter messender Pool. Man kann dieses Schwimmbecken und die Grundmauern des Hauses heute noch besichtigen, in Natur oder im Internet, wo der amerikanische Archäologe Bernard Frischer eine *guided video-tour* durch das Land-haus des Quintus Horatius Flaccus anbietet unter https://vimeo.com/9403778 und https://vimeo.com/9404404. Man hört sogar die sabinischen Vögel zwitschern: *gai ros-signol et merle moqueur*.

Geheiratet hat Horaz nie und auch von Kindern ist nichts bekannt. Er hatte viele Liebschaften, bis in seine letzten Jahre – erfüllte, unerfüllte und aufgedrängte. Eine Dame aus der Gesellschaft glaubte die Manneslust des Dichters wecken zu können, indem sie philosophische Schriften zwischen die Kissen ihres parfümierten Liebes-lagers streute. Wie grob Horaz auf solche Angebote rea-gierte, kann man in der 9. Epode nachlesen. Horaz zog temperamentvolle Frauen vor – wilder als die Adria soll-ten sie ein – oder biegsame Landmädchen, oder er ließ sich im Wäschekorb, den Kopf zwischen den Knien, in das Schlafzimmer einer verheirateten, aber wunderbar duftenden Schönen schmuggeln. Manchmal auch mußte er um Haltung ringen, wenn ein lockiger Knabe ihm die kalte Schulter zeigte. «Aber warum Ligurinus / warum diese Träne einsam auf meiner Wange?» Horaz wollte die Liebe als eine schöne Kunst genießen – bestens geeignet, im Zusammenwirken mit dem Wein und dem Mond dem denkenden Menschen die für sein seelisches Gleichgewicht so bitter nötigen Stunden des Leicht- und des Wahnsinns zu schenken. Einige Zeilen aus der 19. Ode des 3. Buches zeigen, was gemeint ist:

*sparge rosas! streu rosen!*

*du schreibst immer von zu großen dingen.*
*sag uns lieber, was der wein kostet*
*und woher wir warmes wasser bekommen!*
*aber davon schweigst du, dichter.*

*schenk ein: auf den mond!*
*schenk ein: auf die mitternacht!*
*schenk ein, knabe: auf die liebeshoroskope!*
*wie hilfreich es ist, den verstand zu verlieren!*

*ich hasse die geizigen hände:*
*streut rosen!*
*denn linde durchglüht mich die liebe zu meiner Glykera.*

Durch die Freundschaft mit Maecen kam Horaz, der ehemalige Anhänger der Republik, in die Nähe des Imperators Augustus. Er wurde mehr und mehr, vor allem nach dem Ende des Bürgerkriegs, der Dichter des Kaisers. Die Lyrik dieser Zeit ist hochartifiziell und dekorativ. Neben Gedichte mit Alltagsmotiven und melancholische Liebesidyllen treten auch Oden, die jenen hohen staatstragenden Ton aufweisen, der zu den Bemühungen des Augustus um eine Renaissance altrömischer Moral und Religion paßte. Den Spott seiner frühen Satiren und Epoden verwandelte Horaz in eine dem Ohr des Imperators vielleicht gar nicht hörbare, jedenfalls unendlich feine und kunstvolle Hintergrund-Ironie. Der Höhepunkt dieser Schaffensphase und der größte Erfolg seiner Dichterlaufbahn waren erreicht, als Horaz den Auftrag bekam, für die Jahrhundertspiele des Jahres 17 vor Christus das offizielle Festlied zu schreiben, das *carmen saeculare*. Allerdings hatte Horaz zu dieser Zeit, er war fast fünfzig Jahre alt und seine Kräfte ließen nach, schon wieder Abstand von der großen Lyrik gewonnen. Stattdessen fühlte er sich verpflichtet, etwas im ganz profanen Sinne Nützliches zu schreiben, ein Buch über die große Frage der praktischen Ethik: Wie der Mensch ein gutes Leben führen kann. Aus diesem Vorsatz entstanden die *epistulae*, die Briefe des Horaz.

Im November des Jahres 8 vor Christi Geburt ist Horaz gestorben. Ihm, der sich selbst als einen unsteten, ja zerrissenen Charakter gesehen hat, einen unter seiner Leidenschaftlichkeit leidenden Menschen – entweder du randalierst, oder du dichtest, schreibt er einmal über sich selbst –, dem Dichter Quintus Horatius Flaccus ist zu wünschen, daß er seine letzten Jahre so verbrachte, wie er es in einem seiner Gedichte von Apoll erbat:

*bei guter gesundheit das meine genießen,*
*ich bitte, Apoll, gewähre mir dies!*
*gesund an verstand den schimpf des alters*
*entbehrend doch nie die gitarre.*

## V. Horaz – das Werk

Die Gedichte des Horaz sind, soweit man weiß, vollständig
überliefert, und zwar wohlgeordnet. Es gibt vier Gruppen:
Die Satiren, die Epoden, die Oden und die Briefe. Die
Satiren und die Epoden werden dem jungen, etwa zwanzig bis fündunddreißig Jahre alten Dichter zugeschrieben,
die Oden einschließlich des *carmen saeculare* seinen mitt-
leren Jahren und die Briefe, denen dieses Buch gewidmet
ist, gelten als «Alterswerk», wenn man davon bei einem
Mann etwas vor und nach seinem fünfzigsten Geburtstag
sprechen darf. Sein Werk ist das, was der Feuilletonist gern
als schmales Œuvre bezeichnet. 103 Oden, 23 Briefe, 17
Epoden, 18 Satiren und das *carmen saeculare* – macht bei
bequemer Schrift 220 Druckseiten, ein Lebenswerk für die
Brusttasche. Horaz hat wenig geschrieben, eine halbe Seite
pro Monat, die allerdings, Silbe für Silbe, so haltbar wie
die fabrizische Brücke in Rom, über die seit zweitausend
Jahren verzweifelt Verliebte gehen und denken oder sogar
flüstern, was Horaz in der elften Ode des Ersten Buches
schrieb:

*carpe diem!*

*du, frag nicht, denn man soll es nicht wissen: welches mir,*
   *welches dir,*
*welches ende die götter uns geben. Leukonoe, frag nicht*
*asiatische horoskope. besser ist dulden was kommt.*
*ob Jupiter viele herbste noch schenkt, ob dies der letzte ist,*
*der jetzt an widerstrebenden klippen welle um welle bricht*

*des meers – sei klug und kläre den wein und schneide die
  wachsende*
*hoffnung zurück. ach, während wir reden, entflieht die
  neidische*
*zeit: carpe diem. lebe jetzt. trau niemals dem morgigen tag.*


## VI. Einige Bemerkungen zu den epistulae *und zu meiner Übersetzung ins Deutsche*

Die Briefe *(epistulae)* des Horaz bestehen aus zwei Büchern. Das erste enthält 20 Briefe, das zweite nur drei, die allerdings sehr viel länger sind als die Briefe des ersten Buches. Der dritte Brief des Zweiten Buches ist besser bekannt unter der Bezeichnung *ars poetica*, ein Gedicht, in dem Horaz die Summe seiner Erfahrungen als Poet zieht. Dieser Brief wird seit dem Altertum als gesondertes Werk behandelt und ist deswegen auch in dieser Ausgabe nicht enthalten.

Die *epistulae* begann Horaz mit etwa Mitte Vierzig und brachte sie mit Anfang Fünfzig zu Ende. Er kannte die Armut und die Bauern, das Land und die Stadt, die Welt der Sklaven und der Händler, die Welt der Nichtstuer, die Welt des Theaters und die Welt der Dichter, die Politik, den Krieg, das Wohlleben, die Liebe und den Tod. Aus dem kleinen Beamten im Staatsarchiv war ein Freund des Kaisers geworden, der ihn zu seinem Privatsekretär machen wollte, was Horaz allerdings ablehnte. Wir haben es also bei dem Spätwerk des Horaz mit welthaltigen Maximen und Reflexionen eines Künstlers zu tun, der dem Zentrum der Macht nahestand. Letzteres erfüllte den Aufsteiger mit gesundem Stolz, aber er wußte auch, daß er mit Leuten umging, die nur den Daumen zu senken brauchten, um ein Leben auszulöschen.

Die Briefe sind adressiert an reale Personen des öffentlichen Lebens, die in Rom jeder kannte, meist Freunde des Autors. Einige sind auch uns noch geläufig, wie etwa der Dichter Tibull, der Sponsor Maecen oder Tiberius Nero, Schwiegersohn des Kaisers und nicht zu verwechseln mit dem mehr als ein halbes Jahrhundert später an die Macht gelangten Unhold Nero. Einer der Adressaten ist hauptsächlich deshalb erwähnenswert, weil sein Name – Vinnius Asina – den Römer an das Wort *asinus* – der Esel – erinnerte. Ansonsten müssen wir von den Personen der Adressaten nichts weiter wissen, denn die Briefe sind nicht als reale Mitteilungen einer Person an eine andere geschrieben, sondern von vornherein als literarische Kunstwerke konzipiert. Die Kunstform des literarischen Briefes hat den Vorteil, daß der Autor seine Themen in einem sehr privaten Ton und in einer bewußt subjektiven und perspektivischen Sicht behandeln kann. Der Autor muß genauso wenig wie sein Leser allwissend sein, das entlastet beide.

Als ich vor einigen Jahren die Briefe des Horaz zum ersten Mal im Original zu lesen begann, war ich sehr überrascht von dem unverbrauchten und humorvollen Ton und dem großstädtischen Tempo dieser Gedichte, die mich so brüderlich ansprachen. Überrascht war ich deshalb, weil aus den mir bekannten Übersetzungen diese Frische und Direktheit kaum zu spüren war. Natürlich fand ich hervorragende Horaz-Übersetzungen, von Wieland, Herder, Reinhold Schneider und vielen anderen. Aber die meisten sorgen sich mehr um den Hexameter als um den Leser. Das wollte ich anders machen.

Der Hexameter der lateinischen Schriftsteller setzt eine Sprache voraus, bei der die Wortstellung im Satz nahezu frei variiert werden kann und bei der die Silben im Wort nicht nur nach betonten und unbetonten, sondern auch nach langen und kurzen Silben unterschieden werden. Durch diese Variabilität und das Nebeneinander von verschiedenen rhythmischen Elementen ist der laut gesprochene lateinische Hexameter ein sehr spannungsreiches und variables Klanggebilde, das zu der – auf der Sinnebene oft mehrdeutigen – lateinischen Sprache paßt und fast wie ein Lied klingt. Da wir im Deutschen hauptsächlich nach betonten und unbetonten Silben unterscheiden und die Betonung auf dem sinntragenden Wortstamm liegt, wirkt der Hexameter in unserer Sprache oft altbacken, schwerfällig und pompös. Außerdem zwingt die fest vorgeschriebene Abfolge von betonten und unbetonten Silben im Deutschen zu einer Vergewaltigung des Satzbaus. Bei aller bewunderungswürdigen Kunstfertigkeit, die von den verstreuen Übersetzern angewandt wurde: Der Leser versteht zu wenig und zu langsam, und er versteht das Falsche, weil die leichten Gedanken in ihrem schweren historischen Kostüm versinken. Statt des aufregenden und anregenden, nervösen, klugen, ideenreichen und witzigen Römers, der so einfach und erfrischend zu uns spricht wie ein Sommerregen, bildet sich vor unserem rasch ermüdenden geistigen Auge aus dem Gewölk der Worte ein wippender Lehnstuhl, in dem ein milder alter Mann sitzt, der so aussieht wie eine Mischung aus Homer, Klopstock und Rudolf Alexander Schröder und mehr oder weniger unverständlich vor sich hin psalmodiert. Das paßt ganz und gar nicht zu Horaz. Dessen Artistik sollte den Weg zum Leser auf angenehme Weise öffnen, nicht aber auf staunenerregende und ermüdende Weise verbarrikadieren.

Ich habe mir also die Frage gestellt: Wie hätte Horaz, wenn er sich an das deutsche Lesepublikum von heute hätte wenden wollen, seine Briefe geschrieben? Ich glaube, er hätte Nietzsches Worte beherzigt: «Was Horaz … gelungen ist, das ist in anderen Sprachen nicht einmal zu wollen.» Deshalb habe ich auf das homerische Versmaß verzichtet, allerdings, um den Text nicht zu banalisieren, versucht, eine anspruchsvolle und rhythmisierte, zum lauten Lesen einladende Prosa zu benutzen, durch die der Hexameter hindurchklingen sollte. Ich gebe zu, daß ich mir einige Freiheiten gegenüber dem Original erlaubt habe, unter anderem auch deshalb, weil ich wollte, daß die Briefe aus sich heraus verständlich sind. Aber es ist nichts entstellt, nichts weggelassen und nichts hinzugefügt, was nicht im Grundtext enthalten wäre. Es ist reiner Horaz. Jedenfalls dem Geiste nach, wie mir ein freundlicher älterer Herr sagte, ein verdienter Altphilologe, der in Begleitung seiner Frau nach einer Lesung aus der Vorauflage zu mir kam und eine Reihe von *monita* vorbrachte, z. B. was meine Handhabung des *ablativus absolutus* und des *a.c.i.* betrifft. «Aber gib zu, gefallen hat es dir doch!» sagte seine Frau zu ihm und zu mir sagte sie: «Ändern Sie nichts.» Daran habe ich mich bis auf wenige Stellen gehalten.

Wenn Sie, verehrte Leserin und geehrter Leser, finden, mein Vorhaben sei mir gelungen, so empfehlen Sie dieses Buch Ihren Freunden. Wenn nicht: Ihren Feinden.

*Weimar, Januar 2020*
*Christoph Schmitz-Scholemann*

*Christoph Schmitz-Scholemann* (geb. 1949) ist Jurist, Autor und Übersetzer. Er studierte Niederländisch, Philosophie und Rechtswissenschaften in Köln. Neben juristischen Beiträgen schreibt er seit den 1980er Jahren Essays und Rundfunk-Features zu literarischen Themen und Kalenderblätter, vor allem für den Deutschlandfunk. 1996 erhielt er den Essay-Preis der Deutschen Akademie für Sprache und Dichtung. Er hat außerdem literarische Übersetzungen u.a. aus den alten Sprachen vorgelegt. Als Jurist war Schmitz-Scholemann im Richterdienst tätig, zuletzt am Bundesarbeitsgericht und beim Bundesgerichtshof.

*Uwe Tellkamp* (geb. 1968) ist in Dresden aufgewachsen. Nach der deutschen Wiedervereinigung studierte er in Leipzig, New York und Dresden Medizin und arbeitete zunächst als Arzt in der Unfallchirurgie. Seit den 1980er Jahren erscheinen seine literarische Arbeiten und Essays in zahlreichen Zeitungen, Literaturzeitschriften und Anthologien; später kommen Romane hinzu. 2004 wird Tellkamp mit dem Ingeborg-Bachmann-Preis ausgezeichnet. Spätestens seit dem auch international vielbeachteten Roman *Der Turm* (2008) zählt Tellkamp zu den prominentesten Schriftstellern seiner Generation.